在我长大之前

做心灵丰富的人

三五锄教育——著
侯志——绘

晨光出版社

在我长大之前

去掌握自己的人生，去感受充沛强烈的幸福。

去长大，去感受幸福

在为这套书写序之时，我和许多爸爸妈妈一样，刚刚度过一个焦头烂额的暑假。在餐厅、景区、酒店、博物馆、游泳池……所有亲子家庭聚集的地方，总能听到大人或无奈或哀叹甚至怒气冲冲地问某个"熊孩子"："什么时候你才能管好自己？什么时候你才能长大？"

"管好自己"，对孩子们来说，成了对"长大成人"约定俗成的判断标准。相应地，当孩子主动且坚持地践行了某个习惯，自动自发地完成了某件公共事务，抑或经过坚忍的磨炼取得了某项成就，大人就会欣慰地说："长大了，能做好自己的事了。"

如果说"管好自己"是长大极其重要的评价体系，那它涉及哪些方面的内容，不同年龄的孩子具体又该有哪些行为呈现，却始终没人能说清楚。好几次，我和一些年龄在 6~13 岁的孩子聊起"成人说的'管好自己'指的是什么"，80% 的孩子认为是拥有良好的学习习惯，考取好成绩；75% 的孩子认为是控制好自己的负面情绪，不乱发脾气；55% 的孩子认为是掌握独立生活的技能、协助料理家务……其中一位一年级的小豆包坚持认为，"管好自己"，有且只有一个标准，就是"不打弟弟"。

我和孩子们的爸爸妈妈同样聊过这个话题，发现大人对怎么支持孩子"管好自己，长大成人"的规划也并不清晰。父母们多半基于眼前孩子的成长困境，提出自己的某种展望。比如，有个爸爸指出，自己的孩子太过性急，提出要求无法马上实现就会大发脾气，希望孩子能学会"延迟满足"；有些父母期盼着，在当下快速消费的时代，孩子能学着算好财务账，不乱花钱，有"财商"；有几个妈妈认为，孩子房间太乱，容易丢东西，希望孩子做好"整理收纳"；更多的父母觉得孩子没有具体的目标，遇到困难很容易一蹶不振，希望孩子提高"抗挫力"；几乎所有爸妈都忧心忡忡，担心孩子在社交中缺少经验，遇到麻烦……没错，看起来这些都是"长大成人"非常重要且具体的内容，但似乎又不是全部。再讨论下去，爸爸妈妈们也会陷入迷惘：我们期待的孩子的"长大"究竟是什么？我们该怎么和孩子讲述"成长"这个既宏大，又关乎无数一地鸡毛的日子，以及众多事无巨细行为的系统图景呢？

发现了吗？无论大人还是孩子，每个人都需要一份对"长大是什么""怎样做能成长"的具体、系统的行为阐述；一份指向自我接纳、社交、财商、目标管理等方方面面的多元发展百科全书；一套行之有效，供全家人日常翻阅、讨论、实践的"家庭成长清单"。我想，这就是这套书最大的意义。

每每翻阅这套书，我总是惊叹它的"一书多用"。

首先，它是一套关乎长大的"打怪闯关行为清单"。从五六岁的孩子到十三四岁青春期的孩子，都可以在其中找到适合自己的成长条目。

其次，它是一部关于成长的跨学科实用秘籍。从社会学、心理学、劳动技能诸多方面，为孩子阐明了"为什么做"和"怎么做"。

最后，也是非常重要的一点，它是日常亲子沟通的"桥梁宝典"。它使父母对孩子行为的评定，不再陷于"你没管好自己""你到现在还长不大"的质疑与否定中。这套书所呈现的温柔、细腻和积极思维，推动着小读者和家人们携手步入"长大"这一浩大广袤的岁月丛林，主动承担起每个人自我成长的责任，并由此完成每个家庭梦寐以求的"成长超越"。

每个流传久远的故事，都构建在某个英雄最后"长大成人，并获得幸福"的情节之上。我希望，并深深相信，每个阅读过、实践过这套书的孩子都能"长大成人，并获得幸福"，因为经由这套书，你们一定已经意识到，所谓长大与幸福，不是唾手可得，无法仰仗他人；更不是"金钱"、"游戏"、"短视频"或者"成绩"的绝对代替品，绝不是。

真实的长大和幸福，就在你对自己的接纳中，在你对他人的理解与支持里，关乎你在家庭和社会的创建。

行动起来！去长大，去掌握自己的人生，去感受充沛强烈的幸福。

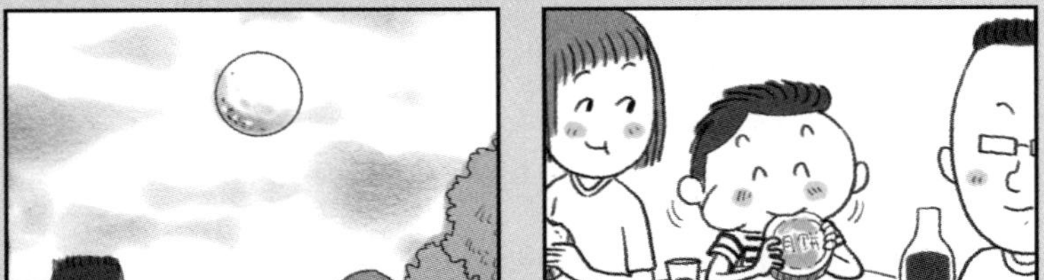

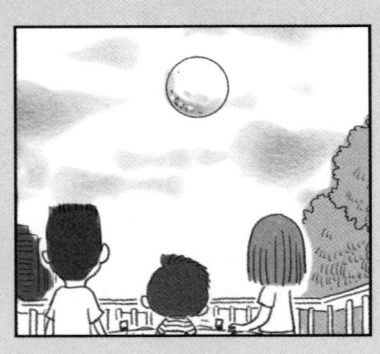

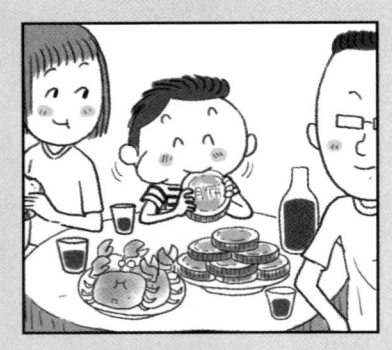

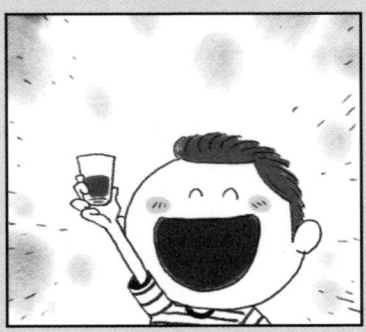

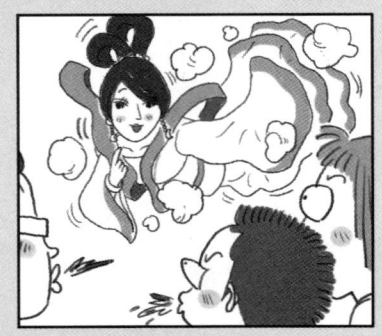

目录

1. 以书为友，与有趣的灵魂相遇 / 2
2. 什么是真正的朋友？ / 4
3. 亦"敌"亦友的同龄人 / 6
4. 你对环境好，环境也会对你好 / 8
5. 如果班里有这样一位同学…… / 10
6. 朋友家的宠物丢了该怎么安慰？ / 12
7. 别人对你说话，记得看着对方的眼睛 / 14
8. 为什么你预感自己会与某些人合不来？ / 16
9. "鸡同鸭讲"的真正含义 / 18
10. 有时别人比你更了解你自己 / 20
11. 敲不开的门，敲多了就是不礼貌 / 22
12. 开玩笑的尺度 / 24
13. 如何应对待你不友善的人？ / 26
14. 看到有人插队怎么办？ / 28
15. 我们如何看待那些"不理解"？ / 30
16. 被冤枉的滋味 / 32
17. 心情抑郁和抑郁症的不同 / 34

⑱ 什么样的错误可以被原谅？/ 36

⑲ 别人说我不行，我就真的不行吗？/ 38

⑳ 学习成绩差的同学就是坏学生吗？/ 40

㉑ 男孩子就不能掉眼泪吗？/ 42

㉒ 别再叫我"乖乖牌"/ 44

㉓ 老师，我要当班长！/ 46

㉔ 寻找榜样，相信榜样的力量 / 48

㉕ 不懂的问题，先自己查一查 / 50

㉖ 你为什么会偏科？/ 52

㉗ 打开五感，告别"无感"/ 54

㉘ 我经常为故事中人物的遭遇感到伤心 / 56

㉙ 写作训练，到底在训练什么？/ 58

㉚ 如何有效进行头脑风暴？/ 60

㉛ 辩论赛都在辩论什么？/ 62

㉜ 带你看清大人世界的处事规则 / 64

㉝ 别人家的小孩比你强？/ 66

㉞ 妈妈怀孕了，我能做什么？/ 68

㉟ 爸爸妈妈好像更喜欢小妹妹 / 70

㊱ 家人突发重病要不要告知实情？/ 72

㊲ 衰老是怎么回事？/ 74

㊳ 看到有人喝醉了躺在路边该不该管？/ 76

㊴ 随时随地，与家人保持联系 / 78

㊵ 捡到别人丢失的东西，能据为己有吗？/ 80

㊶ 不盲目追求科技产品的迭代 / 82

㊷ 我们为什么会害怕蟑螂？/ 84

㊸ 一字之差的核废水与核污水 / 86

㊹ 我们能为地球做些什么？/ 88

㊺ 为什么会有志愿者？/ 90

㊻ 爱心义卖，让爱流转 / 92

㊼ 遇到流浪猫、流浪狗，能不能带回家？/ 94

㊽ 发生自然灾害，我们能捐助什么？/ 96

㊾ 盲人的世界需要被看见 / 98

㊿ 为什么人类需要美好的祝福？/ 100

51 带你参观历史博物馆 / 102

(52) 红领巾的“背面” / 104

(53) 国家为什么要有国旗？ / 106

(54) 一张照片背后的意义和力量 / 108

(55) 神奇的汉字 / 110

(56) 认识早晨的第一缕阳光 / 112

(57) 感受时间流动的装置 / 114

(58) 万物的生长时节 / 116

(59) 为什么夏天也会有落叶？ / 118

(60) “五谷”是指哪五谷？ / 120

(61) 大米，意想不到的美食 / 122

(62) 一粒种子要经历哪些过程才会成为“盘中餐”？ / 124

(63) 天南海北的“吃”文化 / 126

(64) 为什么我们都爱吃肉？ / 128

(65) 为什么说中秋节体现了中国人的浪漫？ / 130

(66) 家乡的模样 / 132

做心灵丰富的人

1 以书为友，与有趣的灵魂相遇

旧书也有新滋味。

一听到"二手书"，浮现在你脑海里的是不是那种乱折着页角，被涂得乱七八糟的"破书"？那你就错啦，那是你的刻板印象。其实，只要是通过正规渠道购买的二手书，基本经过了专业机构的筛选，达到了可以反复阅读的标准，能够继续在市场上流通。甚至有些旧书，它的封面和内页仍十分整洁，不能说是全新，至少也有八九成新。

阅读二手书的体验和新书大有不同。二手书上通常会留下上一任主人的笔记、注解、重点标注等阅读痕迹，这些内容都凝结了他的思想果实，能给你一份启迪，让你仿佛和上一任主人展开一场时空对话。

随着不断地印刷和再版，一本书的内容会因一些原因出现部分删减或修改，所以，一部分版本越早的书越接近作者的创作初衷。二手书的出版时间往往较早，所以二手书有时才更加原汁原味。运气好的话，你还有可能买到一本首版书。

从环保的角度来说，读二手书也是很有意义的。在仍有使用价值的情况下循环利用一本书，可以减少纸张的浪费。我们选择二手书，也是在为环保献一份微薄之力。

快来看看吧。
哇！
二手书呀！
2元一本
看上去还挺新的！
那当然，我平时很珍惜的！
这本吧，正好想看呢！
三国演义
很干净呢！
沙——
没有画线……
沙——
没有污垢……
我买啦，简直完美，你保护得真的很好呢！
其实我都没怎么看……嘿嘿！

2 什么是真正的朋友？

朋友是你可以真诚相待的人。

你交了一个新朋友，每天和对方腻在一起，分享你爱吃的东西。可有一天你向他借橡皮却遭到了拒绝，你不禁思考：什么才是真正的朋友？

辨别真正的朋友，不要听对方嘴上怎么说，而是要用心去感受。当代作家余华和众人一起把双腿残疾的好友史铁生抬上火车，带他和大学生踢足球，还让他当守门员。这些"损友"做了一件他人眼中极不靠谱的事，却帮史铁生圆了他的足球梦。纵然朋友无法亲身体会你的痛苦，但他可以帮你制造快乐。

真正的朋友，还要保持共同的成长步调，马克思和恩格斯就是个中典范。马克思逝世后，悲痛万分的恩格斯花费整整11年时间，整理、出版了挚友用毕生精力写就的《资本论》。他们伟大的友谊向世人证明，建立在共同信仰和追求基础上的友谊牢不可破。

你要知道，一起嬉笑打闹的人不一定是朋友，但愿意在你落魄时为你遮风挡雨的一定是朋友；称赞你的人不一定是朋友，但宁愿惹你生气也要指出错误并陪你改正的一定是朋友；朝夕相对的人不一定是朋友，但哪怕隔得再远心里始终惦记着你的一定是朋友……

哎呀，我的橡皮忘在家里了！
你可真粗心啊，哈哈哈！
合上
橡皮
呃——
掰
来，我的分你一半！
谢谢，但其实……
你借我用一下就行，不用特意掰开的……
也是哈……
哈哈……

3 亦"敌"亦友的同龄人

同龄人对你的影响，比你想象的更大。

在学校，总有跟我们相处愉快的同学，有些话，你会第一时间告诉朋友，却不会想到告诉老师。这是由于你们地位相同、年龄相仿，有相似的家庭背景、爱好和性格，能互相理解，进而成为朋友。在潜移默化中，同龄人之间会对彼此产生很大的影响，甚至会在不知不觉间模仿对方说话的语调、吐字方式、口头禅，甚至是处事态度。

当你面对考试或人生重要的关卡时，来自同龄友人的帮助和劝导可能要比其他人的更有效。与家长的耳提面命相比，同龄人平和的劝解会让你更容易接受。如果你与一个积极向上、坚韧有余的伙伴成为好友，与他同舟共济，定会战胜那些未知的困难。同时，你也会在同龄人的帮扶中感受到友谊的真谛。

当然，和同龄人相处还存在不可避免的竞争关系——这来自一种"同辈压力"，但这并不是完全不可取的恶性竞争，适当的竞争也能督促你进步。要持开放与接受的态度，重视每次同辈竞争，把握向他们学习的机会，把同辈压力转变成同辈动力。不妨把优秀的同龄人看成自己学习的榜样，借助"不希望落伍"的心态，来促进自我完善。

看我今天孔明附体，定能让你知道我的厉害。
别得意，鲁班大师已经给我指点了，我今天就能让你知道工匠祖师爷的厉害。
开始！
哗——
哗
汪汪……
哗——
哗
嗷（来玩呀）！
吓!!!
哈哈……
哎哟
只能下次再决胜负了……

4 你对环境好，环境也会对你好

只要你觉得它是好的，它就是好的。

人不是孤立地生活在这个世界上的，自我们出生，我们就与这个世界上的不同人群有着各种各样的联系，同时也产生了各种各样的相处环境。

在一个舒适自在的社交环境中，我们会感到轻松、愉悦，就像鱼在水中一样自在。而处在一个你觉得难以融入的环境中，你会想逃离，仿佛海鱼搁浅，难以呼吸。那么，我们该如何改变这种环境，营造出一个令你感到身心愉悦的环境呢？

要想给自己营造好环境，最重要的是要有一种临危不乱、遇事不慌的好心态。当外在环境与内心发生冲突时，要学会改变自身来适应环境，往往这时，环境也会回馈我们更适合的需求。在自然界中就有很多这样的例子，比如鸟类在迁徙时，会根据环境变化和资源分布来调整飞行方向、节奏和速度，从而灵活地改变自己的觅食策略，只有这样才能成功迁徙。所以，积极融入环境中的心态能够帮我们应对迁徙过程中的重重困难与挑战，提高迁徙的成功率。

由此我们可以知道，友好环境的建设不仅要靠你我去共同努力，还要有自身心理素质的建设。只有你从心里"悦纳"环境，环境也会"悦纳"你。

紧跟——
转身——
沙
你为什么
老跟着我……
?
你学习那么好，
却总是一个人，
不如我们做朋友吧！
我教你踢球，
你教我学习！
真的可以吗？
那太好了！
那我可是
很严厉的老师，
你要做好准备！
好啦！
我也是出了名的
魔鬼教练！

5 如果班里有这样一位同学……

发现不同,是要在不同中滋生理解和关怀。

每个班,总有几个不合群的"怪同学"。"那个xx,鞋子都裂开了还穿呢""他从小到大都不洗澡的吧……"有些同学的一言一行和大家格格不入,几乎没有人愿意和他们做朋友。

宫崎骏最喜欢的一本书中,也有一个"怪同学",他因为家境贫穷,跟不上潮流,被全班人排挤。当有位同学意外走近他的生活后,才发现这个"怪同学"懂事体贴,照顾家人;他宽厚友善,从不记仇;他勇气十足,敢对霸凌者说"不"。

世界很大,每个人都有独特的一面。个性、成长环境、兴趣爱好、家庭背景的不同,都会塑造出一个全然不同的个体。与大家不一样,并不意味着这就是错误。发现不同之处,就需要我们在不同中滋生理解和关怀。历史上很多伟人,比如科学家爱迪生、牛顿,画家凡·高,都有因为特立独行、与众不同而被大家排挤的经历,但依然不能阻碍他们日后成为伟人而闪耀一方。

所以,那些看起来不合群的同学,是出于各种各样的原因所导致的,如果你愿意带着善意去沟通、感同身受地理解他们,温柔地走近他们的内心,也许会看到闪闪发光的宝藏。

新生欢迎会

她好神秘啊，好想和她做朋友……她到底是一个什么样的人呢？

嘿嘿嘿

？ ？

6 朋友家的宠物丢了该怎么安慰？

与朋友共情，帮他赶走"乌云"。

朋友的宠物丢了，非常难过。你安慰他说，可以让妈妈再买一只，但朋友的心情并没有变好。于是，你有点烦恼：我该怎么安慰他呢？

这时，你应该设法去共情对方，站在对方的立场和角度，想他人之所想，急他人之所急。当真正懂得他此时的苦恼，理解他急切想要找回宠物的想法时，你或许可以提出有效的建议。那么，具体该怎么做呢？

首先，你要想，如果你是对方，现在会是怎样的心情？他的宠物丢了，心情一定很糟，也希望你能懂他的难过。他可能会慌张地叙述事情的经过，此时你要认真倾听并不时点头回应。其次，试想自己最希望发生什么。此时的朋友最希望发生的事，就是爱宠可以被快点找回来。所以你应该安慰他："也许它只是出去玩一会儿，很快就会被好心人送回来。"再次，思考你能做些什么？回到开篇那个问题，如果丢宠物的是你，你可能希望朋友能提供一些帮你找回宠物的方法。比如，跟朋友沿着宠物走失的路线去找找？从这个角度出发，再去想想怎么安慰朋友吧！

学会安慰小伙伴，也会让你们的关系更近一步。献出一份自己的真诚理解，让他的心情"由阴转晴"。

汪汪

妈妈！我想养一只小狗。

那可不简单哟！万一它走丢了你会很伤心的。

我保证不会让它走丢！

如果你能做到下面这些才可以哟！

宠物防走丢小妙招——

- 出门时，记得给它拴好牵引绳
- 在它脖子上挂上名牌，写明住址和电话
- 遛狗时，有意让它熟悉家周围的环境
- 带它做等待或唤回训练
- 让它熟悉主人的口令和声音

7 别人对你说话，记得看着对方的眼睛

真诚地回应，可以不只用语言。

想象一种场景：你正把刚才看到的一件非常搞笑的事绘声绘色地描述给你的朋友，可他却呆呆地看向远方，好像根本没听到。这样的反应让你没法继续说下去了，只能悻悻地把话咽回肚里。朋友冷漠的态度相当于无形中打断了你说下去的欲望。

上面这种情况，就算只是想想都很让人扫兴。面对别人的热情聊天，我们要以最大的真诚去回应。也许你会觉得，对方说的话你不感兴趣，或者对方讲述的内容你不了解。但这些都没关系，表达真诚的回应方式有很多种，有时你只需要看着对方的眼睛，保持微笑就可以。表现出认真倾听的神态，让对方觉得你是一个能感受到他的感受的人。而且，眼睛是心灵的窗户，眼神中所表达的信息比我们想象的还要多。跟老师、同学说话时，看着对方的眼睛，才能向对方发出回应的信号，而且你也会在眼神交流中及时读取对方的情绪变化。

你认真的回应态度可以让讲话的人明白自己没有白白浪费情感，同时也是对朋友情绪上的支持和理解。为了人际关系的和善与融洽，也为了表现自己的修养和礼貌，当别人对我们说话时，要记得看着他的眼睛，真诚地给他回应。

15

8 为什么你预感自己会与某些人合不来？

人与人的关系自然是存在亲疏远近之别的。

有时你会发现自己莫名地对某个人产生了不好的印象，感觉你们无法成为好朋友，但又不知道这是为什么。

心理学中有一个概念叫"投射性认同"，这是一种心理防御机制。我们的潜意识中都会有一些不愉快的回忆，这些深埋心底的回忆若被唤醒，就会引发我们的一些负面感受。"投射性认同"就是指大脑将这种不愉快的感受投射到别人身上，以为这是对方的行为引起的。这种情况实际上是这个人触发了你的心理防御机制。你的莫名之感，或许是你自己的心理在作祟。这是你一直以来的误解。

当然，在这个世界上，我们会遇到形形色色的人，不可能对所有人产生好感，也不可能让所有人都喜欢自己。大家都有各自的性格、爱好，彼此之间会发生很微妙的"化学反应"。而且，喜欢或不喜欢某个人的情绪，也会像镜子一样反射给对方。所以，是否能和一个人成为朋友，这件事要顺其自然。

人与人的关系自然是存在亲疏远近之别的。令你感到亲密、信任，让你愉悦的关系才是需要你去重视的关系。而那些你不喜欢的人，让你感到不愉快的关系，只需用平常心去对待就可以。

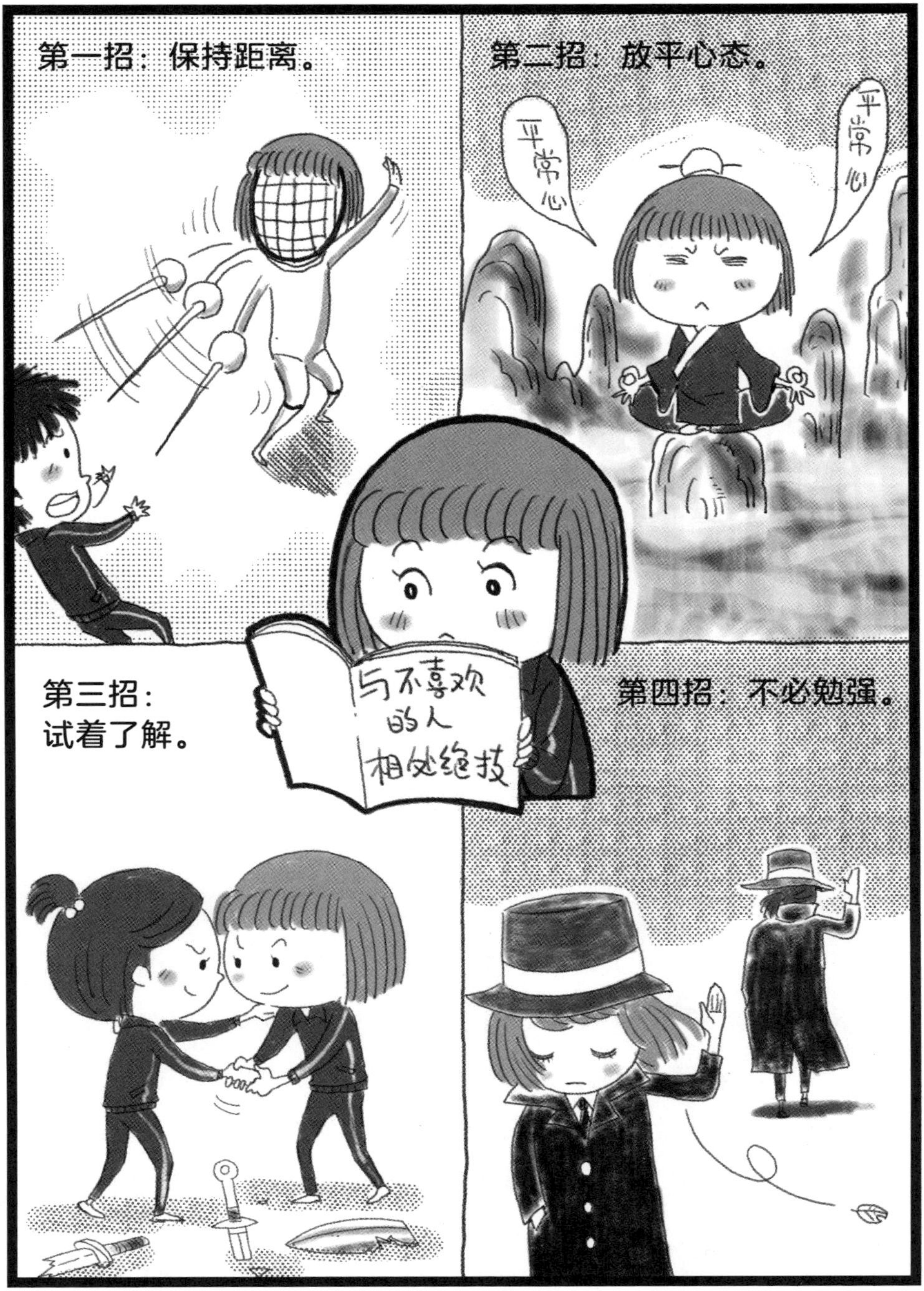
第一招：保持距离。
第二招：放平心态。
平常心
平常心
与不喜欢的人相处绝技
第三招：
试着了解。
第四招：不必勉强。

9 "鸡同鸭讲"的真正含义

说和听之间互不相通，只要多问一个问题就好啦。

我们都知道，鸡和鸭同属于家禽类，是外形和大小比较相似的两个物种。然而，因为人们经常将鸡鸭一同圈养，所以它们总是被拿来一同比较与评说。成语"鸡同鸭讲"就是形容外形相似的物种之下隐藏着巨大的差异，用来比喻鸡和鸭互不理解对方的想法而无法进行沟通的情况。

这个成语也常被应用在日常生活的很多场景中，来形容"他说他的，你说你的"这种尴尬的局面。而之所以会形成这种局面，往往是因为我们与对方沟通时只站在自己的角度来想问题。比如，考试之前，你总会听到父母的一句："要是这次考好了，我就带你去买你最想要的一件东西。"你听到这句话以为"考好"是指比自己上次考得好就行，而父母的意思是你要考进班级前三名。父母和你之间对"好"的标准不一样才导致了你对这句话的理解偏差。

所以，在与他人谈话之前，为了避免这种"话不投机"的误会产生，要先在心里想想对方的思考原则或标准。其实也很简单啦，操作起来就是——如果有任何疑问，那就再多问一个问题。发问会引导你多思考，养成多发问的习惯还能让自己对事情了解得更全面，在与别人沟通的时候也能少走一些"弯路"。

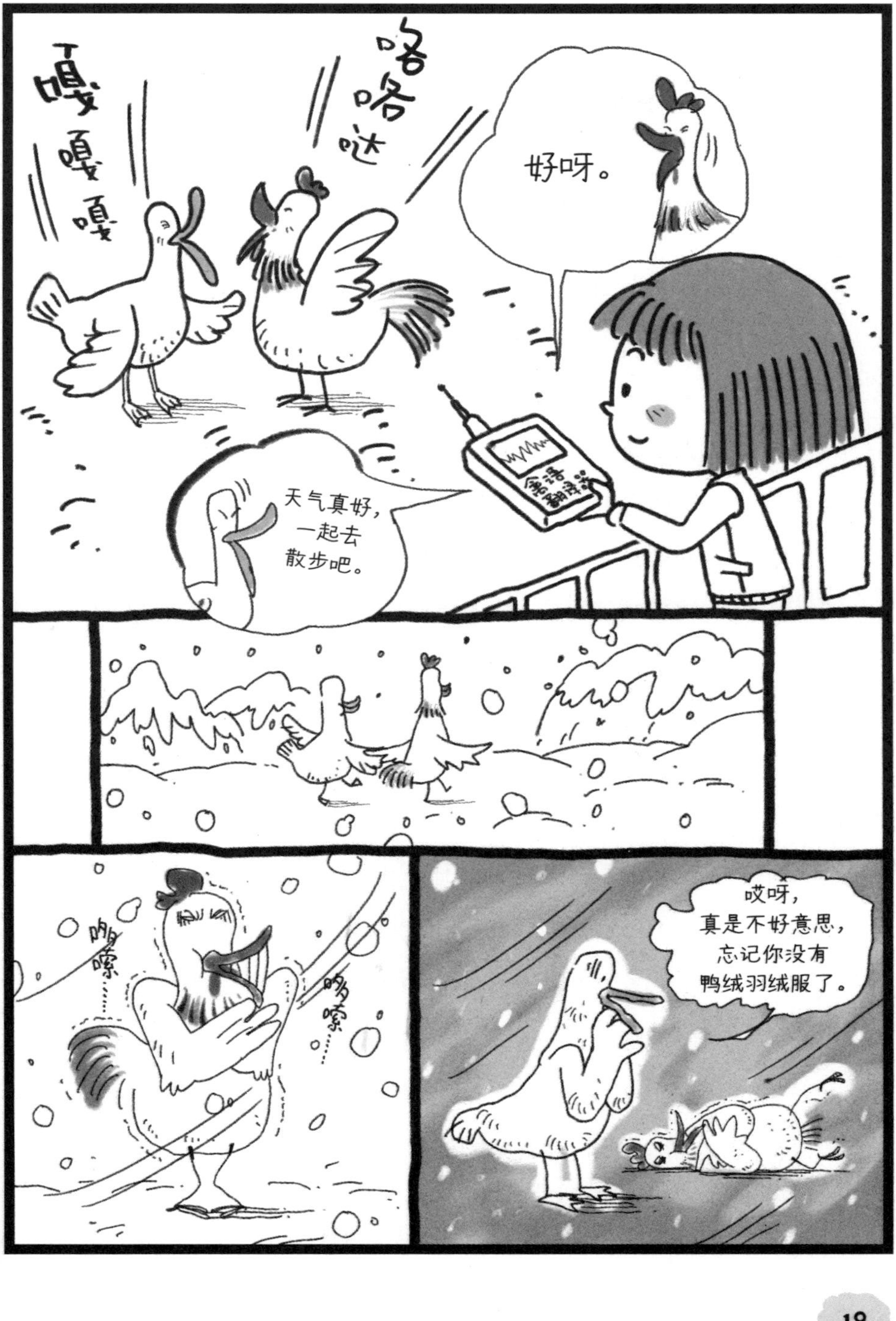
嘎嘎嘎
咯咯哒
天气真好，一起去散步吧。
好呀。
哆嗦……
哆嗦……
哎呀，真是不好意思，忘记你没有鸭绒羽绒服了。

10 有时别人比你更了解你自己

接受别人的忠告，是认识自己的捷径。

为了学校举办的演讲比赛，你夜以继日地准备着，可老师却说也许你并不是适合代表全班参赛的最佳人选。面对这种评价，你一度深深地陷入自我怀疑。

我们先来了解一个心理学概念：自我的热辣信息，是指我们会受到一些可能影响士气、刺激感官的外部人格评价（有可能是正面的，也有可能是负面的），这类评价能够影响我们情绪上的自我控制。比如听到闻所未闻的评价会惊讶，听到和自我评价不同的声音会生气，听到意料之外的恭维会觉得尴尬……这是非常正常的反应，不用刻意控制。但在"热辣"的感觉消散后，我们再心平气和地审视这些信息，就能更清晰地认识和完善自己，因为这些评价中往往会包含一些我们自己不得而知的真实信息。

心理学中还有一个"盲点效应"，指的是人们对自己的某些特质、行为或感受不易觉察。我们有时难以看到自己身上的某些缺点，而旁观者从外部角度可以清晰地看到我们身上的不足，这就是我们常说的"旁观者清，当局者迷"。

因此，对他人提出的建议，我们需要静下心来仔细分析。别人能帮助你"看清"自己，告知被你忽视的细节，从而让你获得增益。

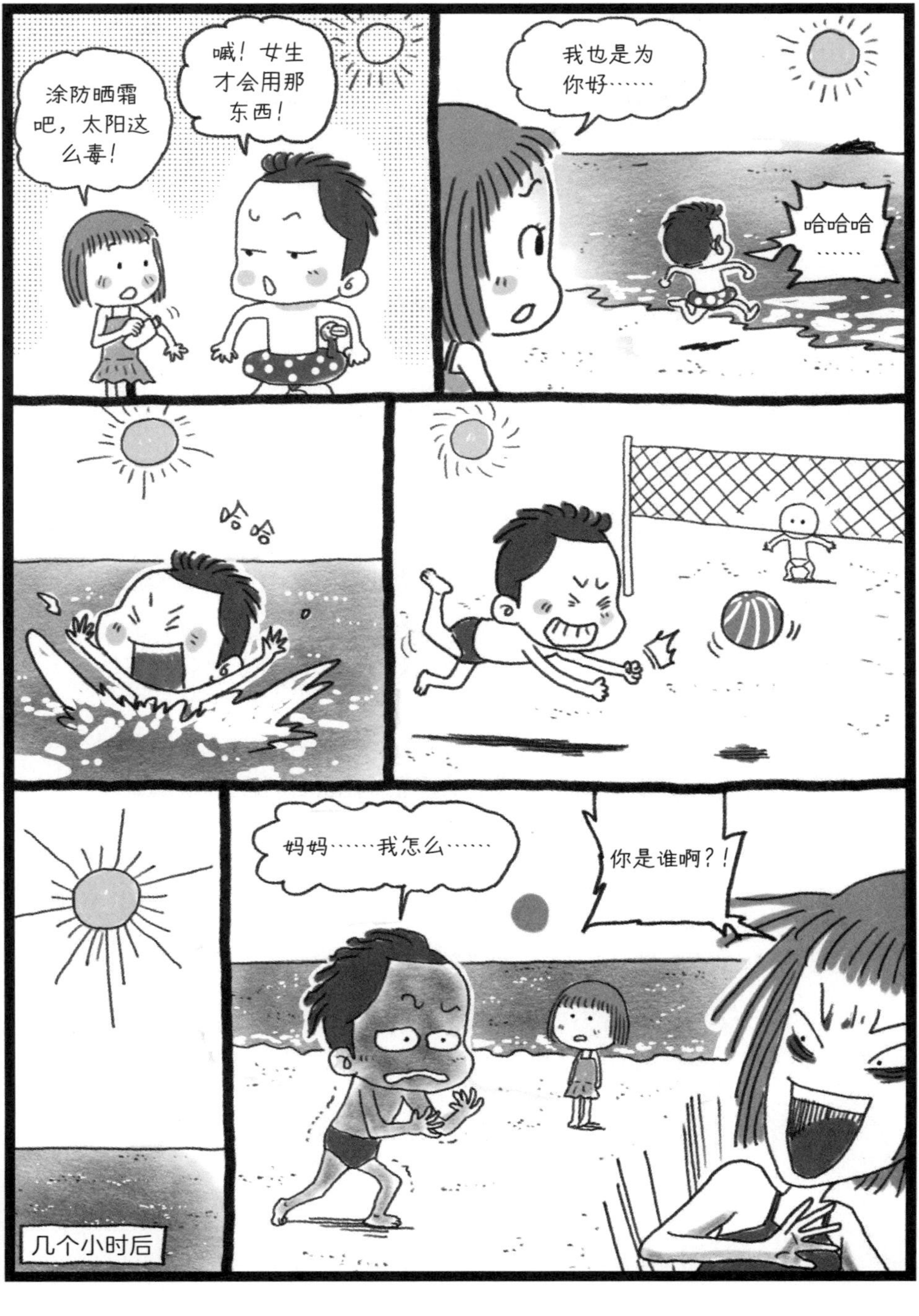
涂防晒霜吧，太阳这么毒！
嘁！女生才会用那东西！
我也是为你好……
哈哈哈……
哈哈
几个小时后
妈妈……我怎么……
你是谁啊？！

11 敲不开的门，敲多了就是不礼貌

尊重别人，要给别人说"不"的权利。

题目的这句话通常用在别人拒绝你提出某个要求时，希望让你学会适可而止，不要再反复重提。这样就可以避免让双方陷入一种"你跑，我追，你还跑，我还追"的尴尬境地。

面对质疑，你也许会怀疑自己是哪里出了问题。不过，千万不要先否定自己，被拒绝只是说明对方的意愿和你的需求不吻合，或对方有自己的想法和计划，这并不代表你做错了什么。比如，你想借用一下同学的钢笔，可这是他最心爱的钢笔，担心你会弄坏，就不愿意借。他并没有错，你也没有错。这时，你需要理解和尊重他的想法。换个人借，或者找老师帮忙都可以。只是不要三番五次再去找那个不愿意借给你钢笔的同学。

对于自己而言，你也不需要因为别人的拒绝而自责。亲疏远近，没有固定的标准，每个人都有自己衡量社交舒适度的界限。学会尊重对方，给他人说"不"的权利。

与人交往，把握分寸感很重要。要试着尊重别人的边界，也要维护自己的边界。彼此的需求不匹配时，不要强求，也不要质问。一扇敲不开的门，敲多了就是不礼貌了。

你拿的
是什么宝贝？
给我看看！
不，
不要！
敢拒绝我？
哼！
我非看
不可！
走开！
哎！
我倒要看看……
哇！！！
这是什么？！
这是我用来
做标本的马蜂……
都叫你不要看了……

12 开玩笑的尺度

开玩笑，应秉持"娱人不愚人"的原则。

我们都知道，开玩笑能迅速拉近彼此之间的距离，缓和紧张的气氛。可是，为什么有时候自己的玩笑明明没有恶意，却适得其反，伤害了朋友心呢？这是因为玩笑要开得恰当不是件容易的事，不仅要以尊重他人为前提，还要注意把握尺度。

捕风捉影的谣言不能用来开玩笑。因为这些是未经过证实的言论，如果用它们开玩笑，不仅会伤害他人，你的行为也会成为这些谣言散播链条中的一环。

令人不愉快的事不能开玩笑。比如，你的朋友考试成绩并不理想，你以此开玩笑，只会让对方无地自容，颜面尽失。

对方想隐藏的事不能开玩笑。揭朋友的"伤疤"，甚至以此来开玩笑的行为，无异于在朋友的伤口上撒盐。假如你的朋友家里发生了一件不想公之于众的事，这当然不适合说出来，更不能用来当作玩笑的谈资。

最后，不要拿别人的缺点开玩笑。比如，班里有一个同学由于患有先天疾病，面部表情和说话语调都和常人有些不同。他希望被别人平和地接受，或是给予鼓励，但如果你去调侃或打趣，一定会让对方的内心再次受到伤害。所以说，开玩笑要有分寸，而不是不顾情境，想说就说。

25

13 如何应对待你不友善的人？

冷静应对对方的情绪，但坚决回应恶意。

有时候，我们总会遇到让人挠头不解的时刻，比如你总是搞不清楚明明自己的态度没问题，为什么有些人动不动就对你摆出不友善的态度。到底是哪里惹到别人了呢？

当遇到这种情况时，我们要先学会弄清状况发生的根本原因是什么，区分对方的不友善是由一个有理有据的事实而引发的，还是毫无道理的一种情绪发泄，再做出具体的回应。

比如，你在博物馆参观展览时发现讲解员讲述的一个知识点和自己了解的不一样，而你当场提出了自己的质疑，对方悻悻地驳斥了你。此时的反驳可以看成由事实而引发的，也许只因对方被指出错误而蒙羞导致，此时你说清自己的想法或借机走开都是不错的方法。还有一种情况，如对方歪曲事实，毫无正当理由便发脾气，这种情况也适合溜之大吉，最好不要和一个不讲道理的人讲道理。

不过，有一种情况例外，如果对方怀着嘲讽、歧视、蔑视等恶意发出不友善的语言攻击，此时一定要当场义正词严地捍卫自己的立场。因此，如果是情绪问题导致的不友善，我们要学会包容和冷静应对；而当遭遇恶意攻击时，我们一定要果断回击。

喂！
靠边站！我要过去！
哼！
喂！给我吃！！
你为什么总针对我？
我哪里得罪你了？！
我就看不得
长得帅气的人！
看到就来气！
你有意见吗？
没有，给您！
喂……

14 看到有人插队怎么办?

做维护规则的人,而不是破坏规则的人。

我们几乎每天都会遇到需要排队的情况,食堂打饭、超市结账,有时候课间去洗手间都要排队。排队总是让人牢骚不断,因为我们要一直傻傻地站在那儿,无聊而焦急地等待轮到自己。也因此总是有人想走捷径——插队。

当有人要插队时,怎么"礼貌"地把他轰走呢?首先我们要知道,不必因为这件小事而引起更大的冲突。在排队时,我们要用提防的心警惕别人"一不小心"或装作与人说话溜进队伍。见到这种情况,你可以向他投去犀利的眼神以示警告。如果对方看到后毫无反应,你就可以礼貌地说:"请不要插队,我们都在排队。"如果有人想要插队到你的前面,此时赶紧向前一步,把你和前面一人的间隙缩小,让他无法得逞。

"先来后到"是运行在人们生活中的一则常理,也是维持社会公共秩序的重要原则之一。如果每个人都不遵守公共秩序,就像每个人都只说自己家乡的方言,谁也听不懂彼此在说什么,那就会陷入一片杂乱无章的局面。失序和混乱对每个社会公民都是不利的。

因此,作为一个小公民,不要成为破坏规则的人,而是要遵守公共秩序,自觉维护规则,让生活正常运转。

唔……很多人在等着看病呢……	那我也好好排队吧！
让我先过一下，不好意思！	再着急也要先排队！要遵守秩序！
这孩子说得没错，请你去排队！	可我是这里的大夫啊…… 您请，您请……

15 我们如何看待那些"不理解"?

尊重差异,至于接受与否,是你的选择。

我们都听过"盲人摸象"的故事:几个盲人分别摸大象的一部分,摸到象腿的人说大象像柱子,摸到象鼻的人说大象像蟒蛇,谁也无法说服谁。现实生活中,我们也会碰到这种难以理解或无法说服他人的情况,那该怎么办呢?

我们要知道,"不理解"的出现无外乎三种情况。第一种,由于信息不对等导致的理解偏差,这种情况只要补足信息差就能皆大欢喜。第二种,由于认知差异导致的理解偏差,正如牙牙学语的孩子认为数字只有1、2、3,但你知道数字还有小数、负数……对于这种情况,只要我们不断丰富自己的学识,就能减少认知的盲区,理解更多种可能。第三种,由于立场不同导致的理解偏差,这种情况很难改变彼此的看法,但我们也可以尝试换位思考,哪怕最后不能达成一致,至少可以做到求同存异。

世间万物纷繁复杂,出现一些我们不理解的情况再正常不过。我们不用急着否定别人,更不用忐忑地觉得自己犯了错。只要乐于沟通和尝试,保持探索之心,努力去思考每个"不理解",我们就又成长了一点。

这个你理解吗？
嗯。
点头——
理解！理解！
这个呢？
理解！理解！
点头
还有这个？
理解！理解！
点头
其实你都不懂吧……
嘿嘿……
那你为什么装作都理解了呢？
因为理解就能活一万岁呀！
哈哈！
“理解万岁”不是这个意思……

16 被冤枉的滋味

那些瞬间发生的不快事，用语言回击。

被冤枉是种什么滋味呢？那是一种有气无处发泄的愤懑感，既生气又很憋屈。你本来不是那样做的，或者那件事根本不是你干的，可别人偏偏就理解错了，一口咬定就是你的问题。这种被冤枉的滋味别提有多难受了。

大部分情况下，被冤枉了肯定得把事实说出来，而且要第一时间说清楚，还原事实的真相才是为自己正名的最佳"申冤"方式。比如，同桌的东西丢了，老师认为你的嫌疑很大，这个时候必须为自己澄清。这能洗去不明不白被泼在自己身上的"脏水"。

还有一些情况是你无法用语言去为自己正名的，就需要你用行动去证明。比如，有人说你的性格不合群。你认为这是不符合事实的评价，感觉自己被冤枉了。这时如果你想要"澄清"自己，你可以用长时间的行动力来为自己正名，这种长期一贯的行为能逐渐改变他人的看法。

因此，有人冤枉了你，要先有条理地描述清楚自己的真实情况，如若不行，还可以采用提供证据、利用在场的见证人，以及寻找可信赖的人等方法为自己辩解，通过这些可以有效地维护自己的权益和名誉。

咔
咔
你为什么要摔了我的手工作业！
不是我，我出去时它绝对在桌上好好的！
看来又到我出马的时候了！
播放
呼——
啊！原来是风……
对不起，是我冤枉你了……
这世界上要是没了我，可得多出多少冤案啊！

17 心情抑郁和抑郁症的不同

一个心理，一个生理；一个短期，一个长期。

我们经常会用"自己抑郁了"来表达沮丧和失意的心情，不过，你知道吗，这跟另一个名字差不多的"抑郁症"可完全不同。抑郁情绪每个人都有，但并不是每个人都患有抑郁症。

抑郁情绪，只代表此时的心情是低落的，随着时间和境遇的改变逐渐会消退。每个人都会因为对现有状态的满足或遗憾而出现情绪上的起起伏伏，这是十分正常的。而抑郁症就没有这么简单。它是一种长期的、带有生理性反应的病症，一个看起来阳光开朗的人也有可能会得抑郁症。抑郁症最突出的症状就是内心会产生强烈的自卑感和无价值感，觉得自己一无是处；患抑郁症的人还会把事情想得比较极端，容易陷入绝望的境地。除此之外，抑郁症患者的身体也会有严重的无力感，注意力涣散，无法集中。如果发现症状后不及时进行专业的干预或治疗，很难自行恢复健康。这种病可能会伴随患者很久，只凭借意志力通常很难战胜。

一旦发现自己的情绪或内心出现问题，请一定告知父母或老师，接受专业的心理咨询，不要因害怕被嘲笑而回避。同样地，如果看到别人出现了类似的心理问题，我们也不要戴着有色眼镜去看待他。

我什么时候还能再飞上天空啊?

18 什么样的错误可以被原谅？

取决于是否违背人们必须遵循的社会法则。

在讨论是否应该原谅某个人之前，我们首先需要思考：什么是对，什么是错？因为只有那些被认为是"错"的事情才需要被原谅。我们不会对某人说："你做得很棒，我原谅你了。"

狼把羊吃掉，是狼错了吗？一个蛮横不讲理的人被揍了，是对还是错呢？你把自己被偷的橡皮重新"偷"回来，是对还是错呢？这些都是值得深思的问题。对与错的判断往往取决于具体的情境、认知标准，以及社会法则。通常，狼被看作强者，而羊是弱者，如果将弱肉强食视为自然界的必然法则，那么狼吃掉羊就不算错。一个善良的人因为被恶人欺负，所以他气不过就打了恶人，这可以被视为一种正当防卫，也可以理解为惩恶扬善，是合理的。你的橡皮被偷了，你本来是受害者，如果再"偷"回来，你就变成了加害者，这就是不对的。只有通过正当的方式将被偷的东西拿回来才是合理的。

你发现规律了吗？对与错，往往取决于具体的情境和理由。当一件表面上看似不合理的事情中包含一个无法逾越的社会规则时，就有可能被认为是合理的。当我们理解了这件事背后发生的原因和动机，才能做出更全面和公正的判断。

这些错误可以被原谅吗？
请用√(可以)或者 X(不可以)来选择。

不小心丢了班费的班长
毕竟她也不是故意的……

呜呜……

考试时作弊的同桌
作弊就是撒谎、欺骗，是非常不好的行为！

违反学校规定留长发的女同学
违反校规是不对的吧，可是她留长发真的很好看呀……

把漫画书带进学校的朋友
不可以！因为她都没给我看，哼！

19 别人说我不行，我就真的不行吗？

做你自己想做的事。

"你这么矮，打不了篮球！""你的嗓音这么沙哑，唱歌肯定很难听！"……生活中，你是不是总能碰到有些人随口就否定了别人的人生？遇到这种事时，你要做的不是羞愧和自卑，而是要用行动去证明"我能行"，用热爱去告诉那些不看好你的人：敢于追求梦想，就是最大的成功！

犹记得 20 世纪五六十年代，蹒跚学步的新中国还在摸索如何恢复建设。为了保证国家安全，无数科研工作者默默扎根罗布泊腹地，从零开始攻克一个个核难题，"两弹一星"成功发射。再如，"国球"乒乓球运动起初并不是我们的专长，但在 20 世纪六七十年代，我国开始举全国之力发展乒乓球运动，正如曾任中国乒乓球队总教练的刘国梁所说："没有一个球队是天生强大的，我们的教练和运动员团队，都是经历了十多年刻苦的训练钻研，才逐渐领先于其他国家。"正是这不懈的努力，才让我们今日可以自信地在世界乒坛占有重要席位。

别人的评价从来不需要被放大，重要的是，你要清楚地知道自己想要什么，并坚定而不懈地去为之奋斗。

这款“很行的孩子”将会成为世界上最受欢迎的人，我们得把不同的“优点药水”放入其中才行。
没问题，我已经收集好了所有孩子的优点。
敢于探索 药水
坚持不懈 药水
积极乐观 药水
努力追梦 药水
嘭!
自信
开朗
强壮
乐观
“很行的孩子”

20 学习成绩差的同学就是坏学生吗？

成绩不是一个人的全部，也不是衡量一个人的唯一标准。

成绩不好的孩子就一无是处吗？答案当然是否定的。

学习成绩固然重要，但成绩仅展现一个人能力的一小部分。而且有很大一部分孩子的学习成绩不理想，可能有很多复杂的原因。我们谁都不能因为几次不理想的考试成绩，就为他的人生答卷画上一个大大的叉号。

把学习成绩差的同学等同于不听话、不上进的学生，这一直以来都是很多人脑海中的刻板印象。可你是否思考过，一个孩子的成绩不好有多重原因。比如，有的孩子有稍弱的读写能力，甚至患有阅读障碍症；有的孩子因心理素质差而没能在考试中发挥出最佳水平；还有的孩子性格和反应"慢热"，需更多时间才能吃透课堂知识。这些都会影响学习成绩，但并不妨碍他成为善良、热情的孩子。想象一下，当出现需要帮助的突发状况时，也许勇敢冲在最前面的就是那个成绩不好的孩子。所以，我们不可贸然地全盘否定他人。

我们看待一个人，应该关注他的优秀品质，看他是否善良诚实，是否热情开朗，是否有爱心等，而不是局限于他的学习成绩好坏。用平等、全面的眼光看待身边的人和事，你会有更多美好的发现。

我不想和成绩差的人玩，希望这个世界上成绩差的人都没朋友。
第二天
他的愿望成真了！
同学们……
这次有三位同学的成绩退步严重！
我成绩差，不要找我玩……
嘿 嘿——
还有你！
吓！
天哪，我再也不只靠成绩看人了，请收回我的愿望吧！

21 男孩子就不能掉眼泪吗?

掉眼泪是有一定益处的,而且这无关性别!

你是不是有时会疑惑,为什么女孩子可以通过掉眼泪来流露她们的悲伤,男孩子就只能压抑自己的情绪?"男儿有泪不轻弹!"这句话几乎让人们形成了一个固有观念:男孩应该坚强,再委屈也不能流泪,不然就是性格软弱。殊不知,"男儿有泪不轻弹"的后半句是"只是未到伤心处"。

另外,你还不知道吧?流眼泪是有一定益处的,这无关性别!

有心理学专家曾做过一个关于眼泪的有趣实验。实验结果显示,因悲伤而流的眼泪中含有一种叫儿茶酚胺的物质,这是大脑在压力情绪下会释放出的一种化学物质。人体内的儿茶酚胺如果含量过多,可引发心脑血管疾病,甚至会危及生命。所以,流泪其实就是排出体内的"毒"。当有情绪时,一定要及时"排毒"。

当然,有益处也不代表就可以肆无忌惮地流泪。只不过,我们要正视流泪这件事,明白偶尔流泪是宣泄情绪、调整身心的正常方式,而男孩和女孩都拥有展露悲伤的权利。

舞台剧
《狼来了》
吼!!
呀!!
哇
狼来了!
哇
哇
狼真的来了!
咚!
疼死我了!不跑了,你吃了我吧!呜呜呜——
你……你没事吧?
要不这个先借你擦擦眼泪?
鼓掌
哇——
啪
啪
看到没,那是我儿子!这哭得跟真的一样,演技真棒!

22 别再叫我"乖乖牌"

我就是我,是颜色不一样的烟火。

"女孩子嘛,就是要文文静静的才好,整天风风火火的像什么样子!"听着妈妈的训斥,你觉得有点难过,又有点无力——难道女孩子就只能是温柔乖巧的吗?相似的困惑,在男孩子身上也不少见。这都是刻板印象给人们带来的困扰。

其实你大可不必为此自怨自艾,人生短暂,只要我们做的是自己想做且真正有意义的事情,那么性别、年龄、出身都不能成为我们的阻碍。我国古代,有花木兰替父从军,以世人眼中柔弱的女子之身成为众人景仰的巾帼英雄;而在西方当代,法律界女性运动的重要人物鲁斯·巴德·金斯伯格,以其坚毅和智慧为性别平等做出了卓越的贡献。这样的例子在我们的日常生活中也有很多,比如班里看起来瘦弱的女生打起架子鼓却英姿飒爽;貌似老实好欺负的男生实际是棋盘上大杀四方的王者……

我们完全没有必要被别人的看法左右,在被他人看见之前,更重要的是想明白,你想成为怎样的自己。有句话不是说嘛——走自己的路,让别人说去吧!

文文弱弱的，她一定很胆小。
这才是真正的我。
这么高，打篮球肯定很厉害。
最烦别人看到我高就叫我打篮球。
这才是真正的我。
切
中国
这个人的生活肯定很无趣。
这才是真正的我。
这是什么妖怪！
大胆，这是我记载的西王母！
山海经

23 老师，我要当班长！

重要的不是起点，而是你的选择。

新一届班委选举开始了，你想竞选班长，可又担心不能胜任？那么，先来做个自我测试吧！

1. 你是否能够严于律己，在学习和生活中不服输，努力做好表率？
2. 你是一个让人信服的人吗？是否能让同学们相信你的决定，乐于听你指挥？
3. 你是否善于沟通？同学和老师都愿意找你说说心里话吗？

如果以上问题你的答案都是"是"，那么恭喜，你很有当好班长的潜质哟！

要知道，一个好的班长，既要做好服务者，又要做好管理者。你要把自己当成一面映照着大家的镜子，凡事以身作则，关心每一位同学，切实帮助大家解决困难。长此以往，你的热情和努力自然也会感染其他人，带动整个班级营造温暖的氛围。你也要把自己看成登山领队——学习和生活就像攀登高山，总会遇到各种各样的困难，只要你不气馁，勇于尝试和突破，不断迎难而上，总能带领大家冲向下一个高峰。你还要把自己当成一座桥梁，成为连接老师和同学的最佳通道，把彼此的心声传递过去，让班级里多一些理解与认同。

想取代我班长的地位？你很有自信嘛！
我可是有撒手锏的哟！
哼
如果我做了班长的话……
取消每天的作业，每天下午1:00就放学！
耶——！
所有课程都换成体育课！
耶——！！
那大家都来选我做班长吧！
不要！！
欸？
然后和你一样学习掉车尾吗？
来学校不是只为了玩吧！
大家虽然都喜欢玩耍，但学习是更重要的事呢！

24 寻找榜样，相信榜样的力量

榜样的存在像一道光照亮你前方的路。

我们在成长的过程中，尽管接受了家长和老师的引导和教育，有时候依然不知道自己想要成为怎样的人。直到你在书中或影视资料中看到某一个人，他的坚毅品质和开拓精神，以及熠熠闪光的个人成就深深鼓舞了你，就像在迷途中照亮你回家之路的那道光。这个人，就可以视为榜样。

古今中外，涌现出的名人伟人很多，他们能被后人铭记，必有常人所没有的才华和勇气或荣耀。他们的精神力量鼓舞着我们，指引着我们，让我们为梦想而奋斗。比如，你想成为为人类做贡献的科学家，可以学习我国物理学家杨振宁；你的梦想是成为一名守护健康的医务人员，就可以看看南丁格尔……

当然，你的榜样不一定是名人，也可以是一个热爱生活的普通人，甚至是一个只活在文学或艺术作品中的虚构人物。只要他的形象震撼过你的内心，能对你起到积极的作用，你都可以视其为榜样。

通过榜样的精神引导，你会超越原来的经验，拓宽自己的视野，成为自己想要成为的人。

它看着好像松鼠啊，为什么能飞呢？莫非……
鼯鼠也称飞鼠，其飞膜可以帮助其在树中间快速地滑行。
好想像鸟儿一样飞啊！
我们没有翅膀，飞不了的。
会飞的鸟就是我的榜样，我要学鸟飞。
很多年后，世上就进化出了能在林间滑翔的松鼠……
榜样的力量真强大啊！
嘿嘿
你想多了，我们可不是这样进化来的！

25 不懂的问题，先自己查一查

先查询，再问人——不做懒惰的小孩。

曾有人分享，他身处异国时发现了一个高效的语言学习方法——去超市里买东西。每当拿到要买的东西后，他就会去查这个商品的单词，以及包装上印着的广告语、产品介绍等。用这个方法，他很快就掌握了几乎所有生活所需的单词。

这个方法的诀窍主要在于反复地"查"。这也是我们学习时常用的方法。不懂的时候查一查，每一次查询都会有新的发现。查询是行动力和思考力的双重结合，既可以对已有的知识查漏补缺，进行巩固，又可以了解未知的知识。查询也是对信息的梳理，会让大脑不停地筛选、记忆、巩固有效信息，让知识在脑中留下痕迹。最终，新知识就会入驻大脑。

除了学习，在生活场景中，遇到困难先查一查也是解决问题的不二法门。比如，当家里新买了一台洗衣机，你却不会使用的时候，最好先自己查阅说明书，而不是立刻开口向妈妈"求救"。当然，随口问妈妈也没有错，但在电器的使用上，说明书"知道"得要比妈妈更全面。

遇到不会的知识，希望你能养成先自己动手查询，再开口求助的习惯。这是一个独立解决问题的好时机。

新买的椅子到了，
我来把它组装起来！
人体工程
爸爸，
您不用看说明书吗？
叮叮——
咣咣——
不用，
小意思！
一小时后
这是什么啊？！
不应该啊……
嘎吱……
爸爸，
这把椅子
有点可怕
……

26 你为什么会偏科?

两种思维方式需从小培养。

每当老师要公布成绩时,你会不会特别害怕听到某一科的成绩?因为这一科是你的弱项,偏科的问题一直让你很头疼。

我们暂将小学阶段的语文和英语等语言文字相关的科目统称为"文科",把数学及与数字相关的学科称为"理科"。文理科的区别在于知识类型和思考方式不同。文科知识多为非规律性的,需更强的记忆能力和文学感悟能力;理科知识规律性较强,如公式、应用题,主要依赖归纳、整理等思维来提高成绩。这两种思维方式同等重要,没有高低之分。

每个人的思维方式和擅长领域各不相同。通常,单靠记忆,我们在低年级或文科学科上更容易取得优秀成绩。但随着年级升高,尤其是在数学等理科学科中,知识难度增加,只凭记忆力学习会越来越吃力。要想均衡发展,需要从弱项入手进行补充,做有针对性的训练。对于不擅长理科的孩子,可以进行逻辑推理和归纳能力的训练,如搭积木、拼图和数字游戏等。对于不擅长文科的孩子,应该培养记忆和文字能力,可以多背诵或阅读来训练,同时提高文学修养。

这样不仅能提高学习成绩,还能全面提升思维能力,为未来的学习和生活打下坚实的基础。

你这学期怎么搞的，偏科这么严重！
数学
30
语文
100
阿姨，我这次可没有偏科哟！
那你很厉害呀！
你看！！
数学
0
语文
0
英语
0
物理
0
这没什么值得骄傲的吧……
是不是又不敢回家了？
是啊……

27 打开五感，告别"无感"

用感官真切地近距离欣赏这美好的世界。

听觉、视觉、味觉、触觉、嗅觉这 5 种感觉，是我们认识世界的重要感官途径。

当你走进一个花园，首先迎接你的是一阵花香。循着香气，你看见一株玫瑰。你伸手触摸，玫瑰的刺是坚硬的，而玫瑰花瓣像天鹅绒一样柔软。这时起了一阵风，树叶在风的摇曳下沙沙作响。树上的苹果很诱人，你摘下一颗咬了一口，脆生生的口感里溢满了果味与香甜。

因为有"五感"，花园不只在你的眼睛里，还在你的耳朵里，在你的鼻子里，在你的指尖和舌尖。当然，花园也存在于我们的心中。

"五感"还是一个通道，既可以帮我们观察外在世界，也可以帮我们表达内在情绪。比如，愤怒的时候我们会不由自主地瞪大眼睛，这叫"怒目而视"。苦恼的时候，我们的味觉会变弱，吃什么东西都没有味道，这叫"食不知味"。因此，"五感"出现异常，并不一定是身体器官出现了问题，还有可能是我们的情绪出了问题。对此，我们要学会辨别。

"五感"并不是孤立的，而是互相融合、互相辅助的。当你用心观察，打开"五感"，就不会再对这个美好的世界"无感"了。

五官汉堡
汉堡是面包香和牛肉香融在一起的香气。
汉堡是金黄色的，面包中间夹着牛肉和溢出的酱汁。
汉堡是肉饼滋滋冒热气的声音。
汉堡的硬壳上粘着小小芝麻粒。
汉堡是松软的，温热的。

28 我经常为故事中人物的遭遇感到伤心

感受力，是一种宝贵的能力和财富。

故事中人物的不幸遭遇总是紧紧牵动你的心。当小美人鱼丢掉匕首化为海上的泡沫时，当小红帽被大灰狼假扮的外婆迷惑时，当哪吒自尽以报父母之恩时，你总会感到难过。

这是因为你已与书中的角色共情。共情力指的是你能和别人感受到同样的情感。在阅读中，如果你能感受书中角色的感受，能够同书中角色的情感产生共鸣，你的阅读体验会更丰富。共情力能让你沉浸在虚构的故事和影视作品纷繁而复杂的情感世界中，从而使你拥有更丰富的人生体会。人的情绪有千万种，共情能力越强，就越能感受身边人的喜怒哀乐。在生活中，共情力会帮助你拓展友情，与身边人友好交往。当朋友高兴时，你也开心得高声附和。当朋友遭遇困难时，你也能第一时间说出暖心的话予以宽慰。这都是共情力的魔法。

共情力也可以帮助我们精进写作能力，因为你在生活中感受到的细腻而真挚的情感，能够让你笔下的故事变得真实而动人。

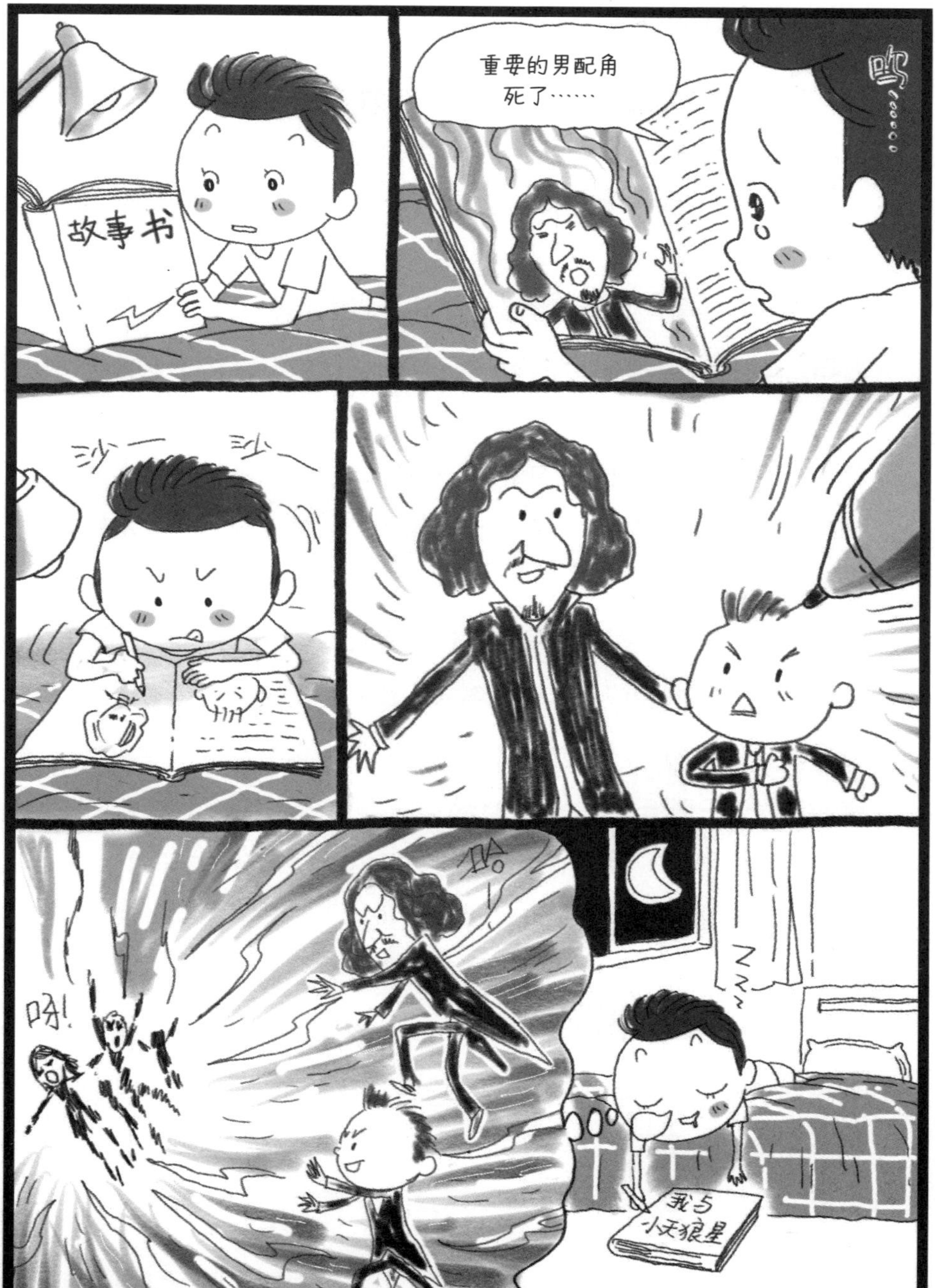
故事书
重要的男配角
死了……
呜
沙—
沙—
哈
呀!
我与
小天狼星

29 写作训练，到底在训练什么？

从模仿到独立写作，循序渐进终有成效。

老师总让写作文，可你咬掉笔头也没写出一个字，真想不明白，这样写来写去有什么用？

其实，写作是一件熟能生巧的事，写作训练就是在激发你的"巧"力。很多难以下笔的时刻并不是没有内容可写，而是你还没有意识到写作有妙招。你可以换个方式练习——先从模仿做起。

你可不要小瞧模仿，很多大作家都是从模仿开始的，英国兰姆姐弟改写的《莎士比亚戏剧故事集》还成了传世经典。之所以从模仿入门，是因为模仿可以给我们提供写作最关键的思路，让我们不至于毫无思绪、无从下笔。

现实生活中，我们可以把听来的老故事当成素材写出来，也可以围绕要写的主题查找资料拓宽思路。当然，更直接的方法是以同题材的范文作参考：看看别人从哪个角度写了花，又按照什么顺序写了游记，描写动作、心理等细节时都有哪些点子可以借鉴……模仿可以让我们学到写作的思路、切入的角度、细节描述时的遣词造句，等等。当我们拥有足够丰富的素材积累后，美妙的文章自然也就能够从我们的笔端流淌出来啦。

其实写作并不难，从模仿训练开始吧！

老师说要学习写作
先要从模仿开始……
大师好，我是来
向您学习的！
噢噢！
戴
噢，噢！
噢……
噗
噗
你到底
是来
干吗的？！
老师说
要先从模仿
开始……
那是指模仿
我的写作风
格吧！！
是这样吗？
那是我
搞错了……
嘿嘿
不好意思……

30 如何有效进行头脑风暴？

让你的大脑疯狂转起来吧！

"要开联欢会了，今天想让大家头脑风暴一下，看怎么才能让咱们班一鸣惊人！"班长话音刚落，几个活跃分子就叽叽喳喳地讨论了起来。

这里说的"头脑风暴"，可不是真让脑子里刮大风，而是一种比喻，指的是通过群策群力，产生无边际的自由联想和探讨，形成新创意。那如何才能有效进行头脑风暴呢？可以从以下几点入手：

1. 调动热情。头脑风暴的核心在于激发人们的热情，鼓励大家挣脱束缚，畅所欲言。以5~10人为小团体，在平等不受限的环境中更有助于调动大家的讨论热情。

2. 鼓励小组之间良性竞争。人人都有好胜心理，有数据表明，在有竞争意识的情况下，人们的心理活动效率可至少提高50%。

3. 引导联想思考。集体讨论中，一个新的观念往往能够推动一连串新观念诞生。善用思维导图，生发出更多创意。

4. 重视每个人的表达。要相信没有不值得回答的问题，也没有哪个是坏主意。给每个人积极的反馈，助推进一步思考。

只要掌握好这些原则，头脑风暴对你们的讨论活动就大有裨益，下次你也不妨试试哟！

嘉——
东西都准备好了吗？
好了！
老大，时间不多了，风暴要来了。
呼——
再次说明，本次行动需要想出今天晚上到底吃什么。
扔！
扔！
我知道了！我们去吃“全冰激凌宴”吧！
啪

31 辩论赛都在辩论什么？

辩论赛，没有硝烟的"战争"。

辩论赛开始啦，看着正反双方激烈地你来我往，你不禁感叹：他们的嘴上功夫可真厉害！

辩论赛可不是简单地耍嘴皮，首先要确认辩题。很多人一看辩题就有了倾向，而这是作为辩手最大的禁忌——普通人当然可以有自己的好恶，但作为一名辩手，你应该将题目理解透彻，做到从心里认可己方论点。

辩论中，每一位辩手更是各司其职：一辩像冲锋手，需要简洁、坚定地阐述己方观点，那些立意新奇的观点就像一柄利剑，可直取对方"命脉"；二辩、三辩是主力中军，不仅要负责在赛场上唇枪舌剑，还要耳听八方，及时抓住对方论点中的漏洞，组织语言开火猛攻；四辩是盖棺论定的主将，言不在多，但务必字字珠玑，力求每击必中，还要有跳出辩题重新审视的能力，基于己方观点进行升华。

4位辩手攻守相助，轮番出击，在不断强化己方论点、反驳对方论点的过程中，求得评委的认可，谋求最后的胜利。这是关于知识储备、口才、思辨力等综合能力的挑战。看完这些，你准备好出战了吗？

当然是吃菜好了，里面有丰富的维生素！
正方
吃肉好，吃肉可以给人带来快乐，你能一直不吃汉堡吗？
反方
我确实偶尔会吃汉堡……
你输了！
全素汉堡！！
哇！
生菜
菠菜
黄瓜
油菜
娃娃菜
正方
反方

32 带你看清大人世界的处事规则

大人的规则和世界，是时间和阅历铸就的。

大人有时会循规蹈矩，行事都要按照条条框框。他们处处追求便利和省事，会把"很忙"挂嘴边，事事追求高效快捷。这给小孩子的启示是，做事要有条理，以及要珍惜时间。

大人很懂得与人交往的规则，很看重见面和拜访时的礼仪。仍未长大的你，也要在自己的小小世界里做一个有教养的人。

大人说话有时不直接表达本来的意思。对明明不想做的事，他们却会说："以后有空就去做。"这是因为大人不想直接拒绝，那样会让对方陷入尴尬。在小孩的世界里，当你无法判断对方想表达的真实意思时，直接问出来也无妨。

大人处处保持谨慎。他们不会公开表达自己的优点，觉得这是炫耀，但会用行动证明自己。小孩也要学习大人，要沉得住气，用行动证明自己才更有力量。

大人或许会有点神秘。他们认准的目标或很想做的事一般不会轻易告诉别人，和闷声发大财的道理一样，他们信奉"事以密成，语以泄败"。

大人世界里的那些道理是通过一步步走过的路和阅历总结出来的，听从大人的道理，就相当于加持了你的"智慧值"。

妈妈今天
真漂亮！
我也觉
得呢。
哇！
您今天
可真漂亮啊！
哎呀，哪有
哪有……
呵
呵……
您今天格外
漂亮啊！
呵
呵
呵……
哪里哪里
……
大人的世界
可真复杂啊
……

33 别人家的小孩比你强？

把"比较"当一面镜子，发现自己的闪光点。

如果问你，这个世界上哪种人最让人讨厌，你会怎么回答？也许你会说："别人家的孩子最讨厌。"父母总爱拿你和别人作比较，那些孩子似乎"上天入地，无所不能"，瞬间衬得你暗淡无光，让你感到羞愧，甚至开始怀疑自己以及父母对你的爱。

每当父母的"火眼金睛"发现你有诸如不良习惯等问题时，他们就会忍不住用这种激将法。从父母的角度来讲，他们希望你能改掉某个缺点，在未来生活中不再因此吃亏。虽然这种方式不提倡，但也是爱的一种表达方式。

懊恼之余，你可以想一想，为什么不利用这种羞愤感来激励自己一下呢？转变心态、行动起来，向父母证明自己并不比别人差，不仅能缓解你愤懑的情绪，还能让你更进一步。把坏情绪抛开，先给父母以积极的回应。"妈妈，我钢琴弹得也不错，虽然数学差点，但我会努力赶上的！"你要这样说，而不是说，"好啦，知道了，别再说了！"父母看到了你积极应对的态度，自然会减少作比较的次数。

生活中处处都充满"比较"，你能做的就是在心里默默织一张强有力的网，练就抽离心，跳出情绪的泥团，把"比较"当一面镜子，发现自己的闪光点。

才考这么点分？你看看别人家的孩子！
80
坐没坐样，你看看别人家的孩子！
……
哇，弹得好好听啊，这是谁家的孩子啊……
其实这是为了让妈妈关注，我才努力练习的……
对不起……

34 妈妈怀孕了,我能做什么?

你好,新生命。

妈妈怀孕了,家里人都在期待一个新生命的到来。你也很期待,因为你将成为一个小哥哥或小姐姐。但与此同时,你还发现妈妈怀孕之后,身体变化越来越明显。她的肚子逐渐隆起,行动越来越不方便。平日里风风火火的妈妈,似乎把所有的力气都给了肚子里的小宝宝,变得行动缓慢而且健忘。

你或许会想:在这个阶段,我能为妈妈做些什么呢?

怀孕之后,因为孕激素的作用,妈妈会很容易忘事。你可以扮演妈妈的"小秘书",帮她记录重要的日程,并在合适的时候提醒她。肚子隆起让妈妈很难弯腰,系鞋带这样简单的事情对她来说都是挑战。你可以在妈妈出门的时候帮她系鞋带。你还会发现,怀孕的妈妈容易感到疲惫,你可以帮她捶捶腿、揉揉肩,缓解疲劳。万一赶上爸爸要出差,你能做的就更多了。你可以帮妈妈取快递、倒水、洗脚,这些力所能及的事能让你为家庭尽到一份责任,也可以让你感受到"被需要"的快乐。

你能做的还有很多,和家人一起努力守护新生命的平安到来吧。了解孕育生命的不易,你才会真正体会到母亲的伟大。

咔
妈妈别看电视，有辐射！
唰
呃
哇，有好多好吃的……
冰激凌
甜甜圈
饼干
糖火烧
妈妈不能吃甜食！！
唰
别担心，我会替你吃掉！
嚼
奶饼
泡芙
巧克力

35 爸爸妈妈好像更喜欢小妹妹

父母的爱，永远不会各少一半。

家里有了小妹妹之后，小妹妹常常会占据爸爸妈妈的大部分时间和精力。他们前簇后拥地整天围着妹妹打转，妈妈的视线几乎离不开她。这种被冷落的滋味让你烦闷无比。

确实，出生不久的妹妹还是个婴儿，她不会说话，更不能表达需求，甚至连翻身都需要父母的帮助。父母自然会对她照顾更多。

但别忘了，你也是备受父母关爱的宝贝，他们此刻对待妹妹的"优待"，你也曾享受过。无论是对你还是对父母来说，那可是宝贵的第一次。而且，不同的生命阶段需要不同的照护方式。对新生婴儿的照料是哺乳、安抚和陪伴，而对现在的你，有专属于大孩子的益智引导和精神陪伴。是谁跟着爸爸去旅行了？是谁跟着妈妈去菜市场了？又是谁从早到晚只会躺着，还要坐在婴儿车里？父母不会因为谁更小而偏袒谁，只不过是对处于不同阶段的孩子，父母的爱的表现方式不同而已。

每个人在生命之初都会被如此对待，你们都是父母同样深爱着的孩子。你们之间是可贵的手足情，所以希望你能用真诚与有爱的心接纳家里的新成员。

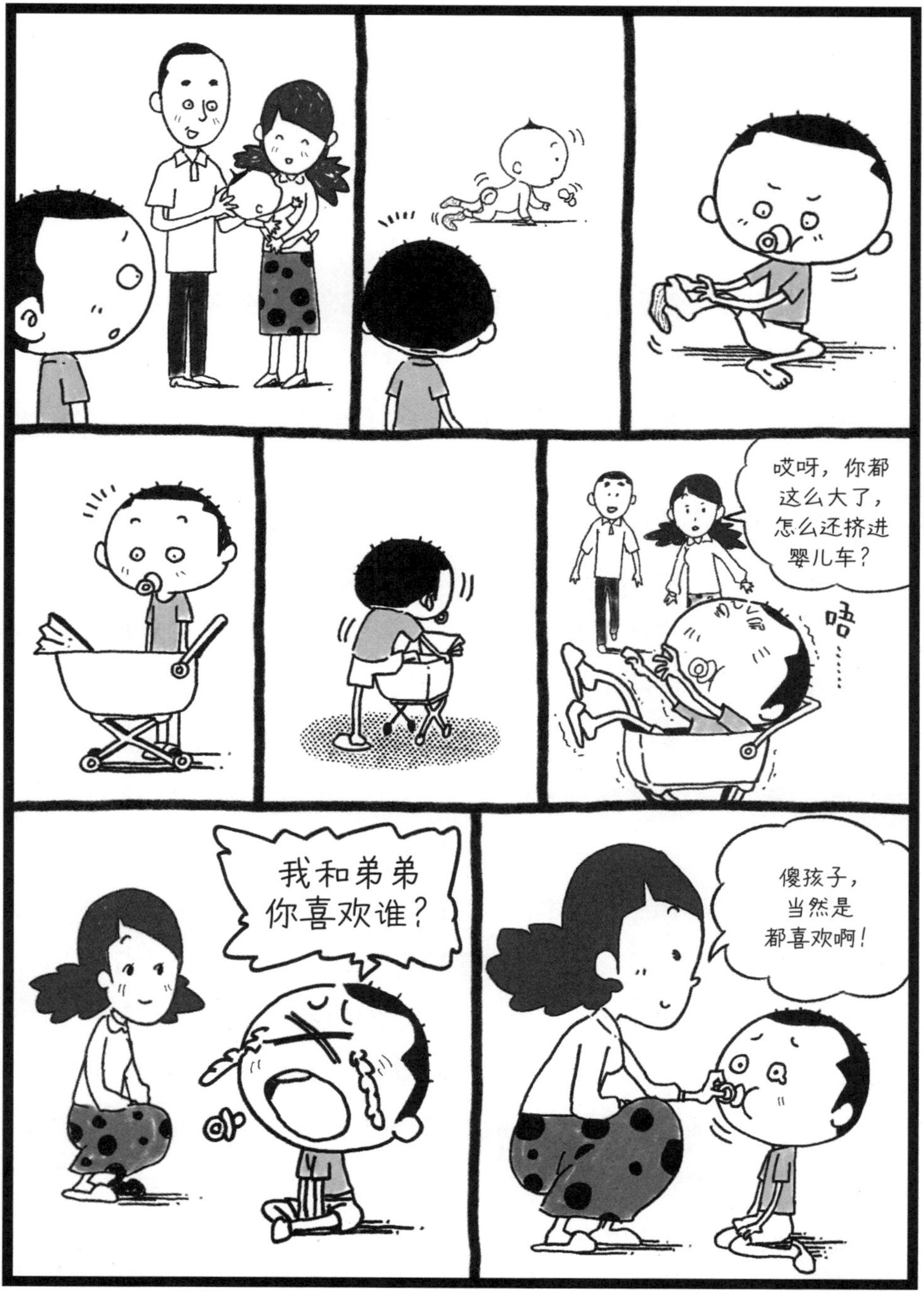
哎呀，你都
这么大了，
怎么还挤进
婴儿车？
唔……
我和弟弟
你喜欢谁？
傻孩子，
当然是
都喜欢啊！

36 家人突发重病要不要告知实情？

这是很难开口的事。

昔日里总是偷偷给你买零食的奶奶因急性的腹痛住进了医院，医生又检查出她的病症还有恶化可能。全家陷入了一片沉默和压抑的氛围中，都不知道该不该告诉奶奶。

这个问题没有标准答案，唯一确认的是：希望奶奶从容地面对疾病，不要被心理负担压垮。因此，我们可以先根据奶奶的性格预判她的反应，如果平时奶奶容易焦虑，总爱胡思乱想，那负面情绪容易被放大而影响治疗，不如选择隐瞒；如果她习惯掌握一切、心中有数，那大概可以坦然接受，便可如实相告。

不过即便是选择告知，我们也要讲究策略和方法。人们对于疾病的恐惧往往源于未知，因而在坦陈病情之前，我们不如先做好"功课"——病情的发展情况、对应的治疗手段、良好的愈后实例等都了解清楚。再把复杂的疾病拆解成一个个小关卡，并在每一阶段都给予她治愈的希望和信心。另外，治疗重病的过程通常比较漫长，病人的情绪难免会有波动，我们要做心灵的陪伴者，帮她处理好琐碎的事务，多讲生活中的趣事，像小太阳一样温暖她，同她一起面对困难。

家人的生老病死是每个人终将面对的问题，与其逃避，不如加倍珍惜与家人度过的每一天。

爷爷病得还挺严重，要不要告诉那个臭小子？
我觉得先不要告诉他。
呃！
爷爷病了也不和我说！！
你们好冷血呀！
哇——
爷爷！您不要丢下我啊！
哐！
您这是什么病……
哆
快点出去……
第二天
唔……
不想告诉你一定是有原因的……
好痒—
不能用手碰！
被爷爷传染了红眼病。

37 衰老是怎么回事？

衰老的本质是体内细胞在变老。

对于尚处在童年的你来说，衰老似乎是遥远和陌生的。假如你和爷爷奶奶一起生活，就会发现他们身上总携带着各种药片，爷爷经常耳背听不清你说的话，奶奶眼花，离不开老花镜。从他们背后走过，你会发现白色的银丝早已爬上了他们的头顶。

没错，这都是衰老的特征。随着年龄的增长，人体各个器官的功能都会走向衰退。花白的头发是由于头皮毛囊的黑色素细胞数量减少；生长皱纹是由于体内胶原蛋白流失；眼睛的晶状体硬化，调节力下降，则会导致老花眼，等等。这些衰退都是身体随着时间的流逝自然而然发生的。

衰老的本质其实是体内的细胞在逐渐变老，无法完成自我更新，形成了越来越多的"僵尸细胞"。身体要正常工作，细胞间必须时刻保持交流。而这些本身木讷、迟钝的衰老细胞不仅无法正常担负自身职责，还会产生一种干扰正常细胞交流的炎症因子。当细胞交流受到影响，引起体内激素失衡和免疫力降低，我们的身体就会显现各种"老人特征"。

衰老是我们每个人都会经历的生命阶段，我们要用积极的心态，认真对待未来生活的每一天，从容不迫地体验生命的历程！

哈哈哈！
爸爸好慢哟！
爸爸年纪越来越大了，早晚有一天会连楼都爬不动……
呼
呼
呼
呼
不会吧，如果有一天爸爸爬不动楼了……
我就不让你出门了！
我还以为你会说到那时给我买个带电梯的房子呢……
谢谢你……

38 看到有人喝醉了躺在路边该不该管？

确保别人是否安全的前提，是确保自己的安全。

你跟同学走在放学回家的路上，看到一个陌生人躺在路边。你闻到空气中有浓浓的酒味，几乎可以判定这个人是喝醉酒了。

你们出于善良的本心，想要上前叫醒他，可其实这样做存在潜在的风险。首先，醉酒的人很难被叫醒。酒精会麻痹中枢神经，让人陷入昏睡。其次，醉酒的人暂时丧失了思考能力和行为控制能力，有可能会对一些刺激做出剧烈的应激反应。

在武侠小说中，主人公遇到这种情况通常会"路见不平，拔刀相助"，但现实的安全教育则提醒我们，这种行为是存在一定风险的。对于还未成年的你来说，很多事情是心有余而力不足的。独自上前去叫醒陌生人或者帮助路边酒醉的人，有可能给你带来不必要的麻烦。此时，我们可以将这种情况报告给附近的巡警或交警，或者请路过的行人帮忙拨打报警电话，警察和社区都有专门的部门处理这种事情。当然，你也可以回家告诉父母，让他们来想办法。

帮助别人当然是我们应该做的，但要先确保自身安全，不要将自己置于有风险的境遇中。

啊!
呼
警察叔叔，有个老爷爷喝多了，在这里睡觉，这么冷的天，会冻坏的!
呼
呼
你好，请醒醒。
怎么了?
有人报警说你喝多了，天太冷，怕你在这儿一直睡，冻坏了。
我没喝酒啊，我就是累了在这儿晒会儿太阳!
啊?那这里这么多酒瓶子是……
这是我捡的废品!
对不起，警察叔叔，给你添麻烦了……
没关系，小姑娘，你做得很对，守护每个人的平安也是我们的职责。

39 随时随地，与家人保持联系

心之所在处，就有爱你的家人。

小时候，哪怕鸡毛蒜皮的小事，我们也会第一时间告诉爸爸妈妈，可越长大，我们越不需要家人寸步不离的守护，甚至会嫌他们唠叨。但其实，与家人保持联系和拥有自由的生活并不冲突。

首先，让家长了解你的动态是对个人安全最大的保障。出门在外，与家人培养互相报备的习惯。内容不必多详细，告诉父母外出活动的时间、地点，以及和谁一起去、大概什么时候能回家等信息。这样做一方面是让家人心中有数，不会总打扰你；另一方面，若你真遭遇意外，家人也好及时采取措施。

遇到紧急情况，更要及时与家人联系。如回家路上发现有人尾随、独自在外突然身体不舒服、碰到恶劣天气等，当你不能独立解决问题时，不要迟疑，家人就是你坚实的后盾。

此外，定期联络也是必要的，如果与家人长期分居两地，你的问候里带去的是对亲人的关怀与爱，无论相隔多远，这份爱意都不会减少。

人生短暂，能与家人相伴的日子并不多，与其日后徒留遗憾，不如珍惜当下，把爱意展现在生活的点点滴滴中。

哎呀，知道啦，知道啦！
妈妈真的好唠叨啊！
妈妈要出差几天，你们要好好看家啊！
放心吧！
终于清静了！
几天后
妈妈你在哪里啊？
妈妈你有没有好好吃饭？
天气变凉了，妈妈你要记得加衣服啊！
妈妈我好想你啊……
哈哈，妈妈不会嫌弃你唠叨的！

40 捡到别人丢失的东西，能据为己有吗？

拾金不昧，不仅是一种美德，也是法律的红线。

走在路上捡到一个钱包，里面不仅有证件，还有不少现金，这可是"天降横财"呀！该怎么处理呢？你心里有些纠结。一方面，你想将它据为己有，毕竟没偷没抢，难道不是谁捡到就是谁的吗？另一方面，你心里又隐隐不安：如果是我丢了这些东西，肯定急坏了；而且……万一私藏后被人发现，警察不会把我抓走吧？

如果你能想到这些，那么恭喜，这说明你还没有被财物迷昏了头。首先，拾金不昧是我们从小就被教导的道理，它让我们知道人要有所为，有所不为，不该拿的东西决不能拿。此外，从法律角度来说，所有人有追回自己所有物的权利，也就是说，捡到的东西其实并不归你。相反，如果捡到的东西价值较高，而你还拒不归还，这种侵占行为还可能构成刑事犯罪——这可就不是"天降横财"，而是"飞来横祸"了！

那捡到失物该怎么办呢？如果知道失主是谁，就直接归还；在不确定失主的情况下，可以将捡到的物品交给派出所、有公信力的公共场所管理处等。警察或工作人员会想办法联系到失主。

下次再捡到东西，你知道该怎么做了吗？

老师，我在操场捡到了一件校服。
失物招领处
您说这人得多粗心，居然能把校服丢在操场上！
还好意思说别人。
我就是被你丢在操场的！
快点看过来，我要回家！
啊？！
呀，我丢失的那本漫画居然在这里！
超 力
还有我呢！
呀！

41 不盲目追求科技产品的迭代

曾经的"尖端科技",也会被当成废品散落在时代的尘埃里。

现在,我们身边充斥着不断迭代的手机和其他电子产品。那些被时代潮流更新换代淘汰掉的老旧手机、电脑、家电等,最终都到哪儿去了呢?

处理这些电子垃圾的棘手之处在于无论是填埋还是焚烧,只要有一点处理不当就会产生很严重的污染问题。比如,填埋会使电子元器件中的有毒物质渗透到土壤中,污染地下水,而焚烧会释放出致癌的二噁英等有毒气体,以及对人体有害的铅、汞、镉等物质。

不过,只要有足够的利益,就足以让人铤而走险。废旧电子产品里隐藏的贵金属,让一些小商贩趋之若鹜。比如,每100克手机零件中约含有14克铜、0.19克银、0.03克金等贵金属。回收后,工人们会先用煤炉加热电路板,再拆下芯片,去除没用的废料,然后用酸性液体提取金子。这种简单粗暴的制作流程不具备完善的环保处理设备。空气中到处都是呛鼻的气体,对环境会造成极大伤害。

因此,为了减少环境污染,我们能做的是尽量延长电子产品的更迭周期,降低购买频次,也可以将不再使用但功能仍然完好的电子设备出售或转赠他人,避免浪费,为地球减轻负担。

主人们，我的寿命已经到了，我来和你们道别！
扫地机器人
还有点舍不得呢……
一会儿我去通知回收中心。
一想到回收的电子设备会污染环境就很内疚。
你们不用担心啦，我们最新款都有自爆功能。
会炸得很干净，不会留下任何垃圾的！
……
呃？
哎
哇！
快跑呀！！！
自爆已启动！3……2……

42 我们为什么会害怕蟑螂？

对人类有危害，但对地球来说有益。

蟑螂，作为一种古老的昆虫，已经在地球上存活了超过 3 亿年。然而，蟑螂常被视为一种讨厌的昆虫。它们外观丑陋，喜欢躲藏在暗处，你每次都会被它们黝黑的外壳和矫健的身手猛地吓一跳。

一直以来，蟑螂被广泛地认为是一种害虫，除了我们心理层面对它们的厌恶，还由于它们体表会携带多种病毒和细菌、寄生虫等病原体，频繁出现在人类居住的环境中，会为人类带来潜在的健康风险。因此，我们总是试图将蟑螂"赶尽杀绝"。

但是，蟑螂在生态环境中并不是一无是处。蟑螂是蜥蜴和鸟类的食物，如果蟑螂消失，会造成自然界的食物链中缺失一环，同时还会引发其他害虫的数量激增，破坏生态平衡。而且，蟑螂喜欢温暖、潮湿且有食物的地方，可以分解和清理有机物，有效减少腐烂物质的堆积。

知道这些后，下次在家中看见蟑螂时，就不用再过分害怕啦。只要经常打扫卫生，保持环境干燥，不留卫生死角，不给蟑螂提供适宜生存的环境，慢慢地，它们就会为了另寻生路而"离家出走"了。

喂，那个大叔长得好奇葩哟……
哇！这个也太难看了吧！
古代陶器
你总是以外表去衡量事物的好坏是不对的，这样太不公平了……
你说的好像有道理，我反思……
哎呀！
哇！蟑螂！
沙——
打死你个丑东西！！
咚——
咚！

43 一字之差的核废水与核污水

虽一字之差，本质却相差甚远。

核技术是 20 世纪人类最具颠覆性的发明之一。随着近年来的一些热点话题，核废水与核污水两个概念被推到舆论的风口浪尖上。那么，这两者到底有什么区别呢？

核污水和核废水只有一字之差，但核污水的危害程度要远远高于核废水。核污水，指直接接触核反应堆、核燃料等放射性物质所产生高度危害的污染物，是被核燃料污染、含有大量放射性元素的水。通常，核污水是在核事故等意外情况下产生的，若不做严格处理而直接排放，将对人类和自然环境产生巨大危害。

核废水，是指核电站在正常运行过程中产生的冷却水，使用核能过程中没有直接接触核反应堆内部，含有的放射性物质相对较低。核废水可以联想记忆为"真是没用的废物"！目前，人类对核废水的处理方式比较成熟，在遵守严格的标准处理之后是可以排放的。但是核废水的排放标准是不适用于核污水的。

核能源就像潘多拉魔盒，人类在享受核技术带来的便利的同时，也要保持对大自然和生命的敬畏，使核技术在安全可控的轨道上运行。

这段时间我生活的海域核污水超标，辐射太大，前段时间我被查出得了癌症，刚住院出来……你们也都自己保重吧。
看来我们要赶紧搬家了……

44 我们能为地球做些什么？

减少购买，就会相应减少垃圾的产生。

地球，相比于宇宙间目前已知的其他行星，是最适合人类生存的家园。可你知道吗？有这样一串触目惊心的数字——全世界每小时都有一种生物灭绝，每天产生 4.5 亿吨垃圾……环境问题，早已刻不容缓。

早在 1987 年，澳大利亚人伊恩基南在驾驶单人帆船环绕地球时，看到海上漂浮的垃圾，深感自己应为环境保护出一份力。在回到悉尼后，他发起了"清洁悉尼港日"活动，召集了 4000 名志愿者清理白色垃圾、玻璃瓶、烟头等。后来，这一环保行动在全国范围内被调动起来。直到今日，这项活动已演变为由联合国举办的全球性清洁活动，每年 9 月的第三个周日被定为"世界清洁地球日"。这个活动致力于解决陆地垃圾以及海洋垃圾堆积的问题。

虽然我们不一定能亲自参与到国际性的社会行动中，但对于普通人来说，爱护地球可以从身边的小事做起。比如，在购物时自备购物袋，用反复使用代替一次性使用，减少一次性塑料袋、一次性筷子等各类一次性产品产生的垃圾。学会废物利用，减少购买，就会相应地减少垃圾的产生。

总之，精简自己生活的同时，也是为地球减少负担。

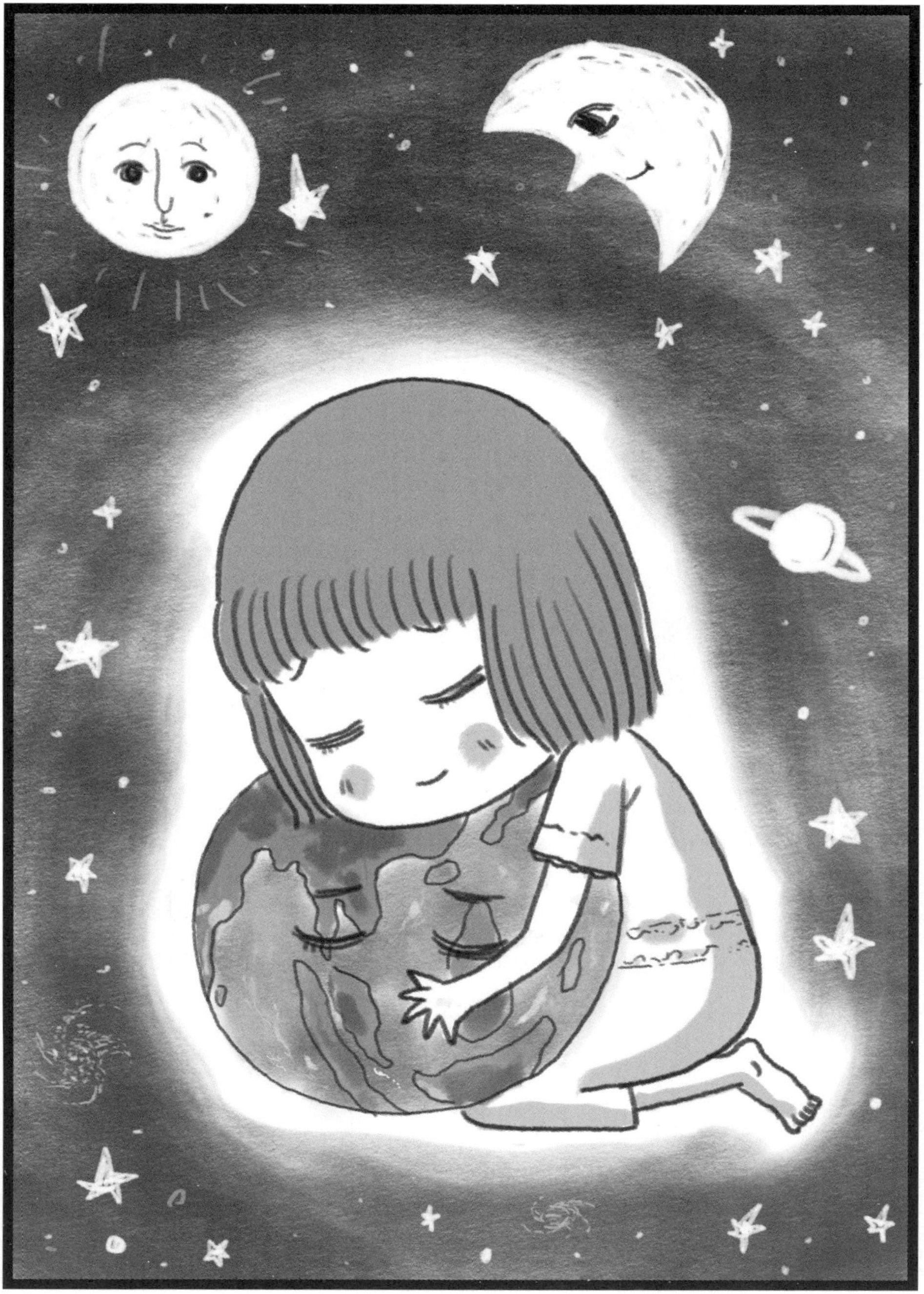

45 为什么会有志愿者？

被需要，就是服务他人的意义。

回想一下过去的经历，你有没有帮助过提重物爬楼梯的老人？有没有给向你问路的游客指过路？有没有为社区义务除过草？在你帮助别人之后，心里一定会因对方道出的真诚感谢和露出的会心微笑而欣喜和满足吧。

是啊，正所谓"赠人玫瑰，手留余香"，你感受到的喜悦是一种被需要的满足，这种精神力量会久久地鼓舞着你。志愿者是指自愿给需要帮助的人或组织提供帮助且不计报酬的人。通常，如运动会、医院的就诊引导、敬老院关爱老年人活动等都需要志愿者，只要是能够热心帮助到周围人的行为，都算是志愿者的服务范围。志愿服务所传达的精神是奉献、友爱、互助。

在帮助别人的同时，通过志愿活动，志愿者还可以增加自己的见闻。比如，给一场篮球赛当志愿者，你可以近距离感受到震撼的体育精神；给历史博物馆做志愿者，你可以深刻感受历史与文物带来的深厚底蕴。

志愿者的意义在于人们通过自愿服务，为社会和他人带来积极的影响。希望每一个小小少年都能尽己所能，用爱和行动去改变世界。

明天的马拉松，有没有
同学自愿担当志愿者呢？
老师，
我愿意！

加油！加油！
需要补水吗？
他为什么不参加
比赛呢？
咚！
咚！
呼
呼
呼
呼
水
他觉得当志愿者
更帅气……

46 爱心义卖，让爱流转

慈善的星星之光，照亮世界那头的至暗角落。

你从水龙头里接一杯水只需要 5 秒钟，可有的孩子为了一瓢水需要走到几千米以外的地方才能找到干净水源。你习以为常的一日三餐，也许有的孩子要苦苦等待一整天，才能吃到妈妈找回来的一点食物。

在这个世界上，有很多孩子艰难地对抗着贫穷、饥饿、疾病、战乱、自然灾害等悲惨境遇。为了给世界上那些贫困地区送去关爱，许多有社会影响力的名人都筹建了爱心基金组织，专门筹集物资或善款，用来帮助那些有需要的人。

作为普通人，我们可以通过捐献自己不再需要的物品到相关慈善机构，或购买相关机构发布的商品来实现捐款。这种方式就是"爱心义卖"。我们也可以组织一场集结周围人的慈善义卖，号召大家将不再穿的衣物、不再用的文具和小书包等物捐出，让你的爱心和大家的爱心汇聚成河，流向需要帮助的人。

你的一点点帮助，会让爱心像萤火虫一样闪耀，照亮这大千世界中的微小角落。

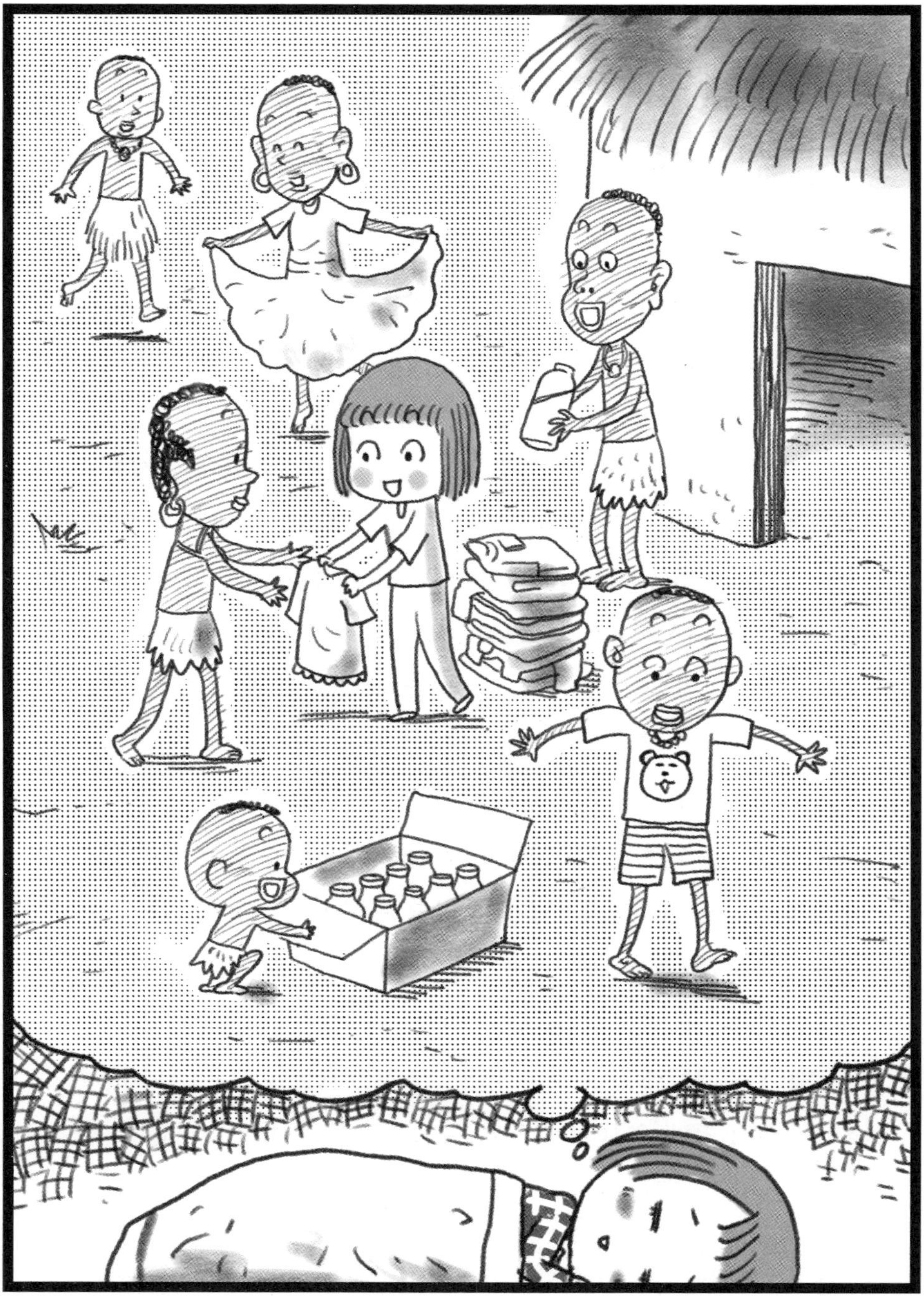

47 遇到流浪猫、流浪狗，能不能带回家？

用收养代替购买也是一个有爱的决定。

楼下的流浪猫生了一窝小猫，小小的身体，软软的毛发，走起路来摇摇晃晃，可爱极了。你十分喜爱，想带回家养，可不可以呢？

你一定是个很有爱心的孩子，不过遇到流浪猫或流浪狗，最好不要直接带回家。如果它还是需要母乳的小宝宝，不要贸然上前摸摸抱抱，这可能会让警惕性很高的猫或狗妈妈因小宝宝沾染了人类的陌生气味而感到危险，就此抛弃自己的孩子。

而且并不是所有的流浪动物都适合被收养，有的动物性格充满攻击性，它们更适合待在开阔的户外自由生活。

当然了，即便是适合收养的流浪动物，你也应该先征求妈妈的同意。没有断奶的小猫和小狗像婴儿一样每隔几个小时就需要吃奶，这意味着需要有人全天守在它身边。同时，还要去医院检查流浪动物有没有生病，身上有没有寄生虫。除此之外，还要提前确认自己是不是对这类动物过敏。

如果你已经做好了一切准备，能够独自处理好它们带来的麻烦，那么用收养代替购买也是一个有爱的决定。不过，一旦决定，请一定不要随意弃养它，而是要充分尊重这个即将陪伴你的小小生命。

流浪猫、流浪狗图鉴

哪种流浪猫、流浪狗适合被收养呢？

警惕型
不适合。成年后戒备心强，对人类缺乏信任。

友好型
可以考虑。亲近人类，但野外习性无法消除，需要注意。

走丢或弃养型
可以考虑。属于被人类驯化的动物，天然亲近人类。

幼猫、幼犬
可以考虑，但要先去医院做检查。

48 发生自然灾害,我们能捐助什么?

为保护自然家园出一份力,也是一种"捐助"。

你也许看过这样的画面:一个地区因发生地震,到处是坍塌的房屋、弯折的树木、无家可归的人们、在路边哭泣的孩子……惨烈的一幕幕让人揪心。

地震、海啸等重大自然灾害能瞬间造成巨大规模的人员伤亡和财产损失。而地震后的次生灾害,如山体滑坡、泥石流、河流断塞,同样是灾难性的,可能会将城市淹没,甚至改变当地原来的生态链、地貌。因而,灾后家园的重建需要庞大的资金和大量的物资,需要社会各界的捐款与物资支援。

我们还要知道,人类的工业化活动如蝴蝶效应般增加了自然灾害的发生概率。在捐款捐物的同时,我们更应知道如何保护地球,贡献微小的力量来保护自然,防患于未然。

比如,选择公共交通出行,能降低汽车尾气的排放,也就减少了温室气体排放,从而减少极端天气出现的概率。多植树,节约用水会缓解水土流失,降低泥石流等灾害的发生概率。

保护家园,需从一草一木做起,每个细微的环保行为都是一种贡献和帮助。

呀！
嘿——
你环保意识还挺强的啊！
这样小树就能茁壮成长。
长大以后就能保护我们的环境了！
小树小树快长大，结满果实给我吃……
果然还是个头脑简单的吃货……
嘿嘿……

49 盲人的世界需要被看见

盲人的世界不是看不见的世界，而是不存在的世界。

你是否好奇过盲人的世界是什么样的？是漆黑一片的世界吗？其实这并不准确。如果是完全失去视觉和没有任何光感的全盲人士，有一个方法帮你感受他们眼中的世界——将两只眼睛闭上，然后睁开一只眼，另一只仍然闭着的眼里才是全盲人士的世界，那是完全消失的、不存在的世界。

盲人凭借比常人更为敏锐的感官来体验世界，通过声音，他们可以感知环境的变化，甚至是识别方向。可他们在面对出行问题时，依然困难重重。这是因为公共场合的盲人辅助设施并不完善，让他们的出行没有安全保障。比如，盲道的缺乏和被无故占用，电梯按键没有盲文功能，红绿灯不设语音助导之类等问题，困扰着庞大的盲人群体。

为了让更多盲人能安全出行，一项让盲人重拾勇气出门的辅助发明诞生了。奥地利一家创新公司研发出一款智能盲人鞋，这种鞋在脚趾处安装了超声波传感器，通过振动的方式帮助盲人识别几米范围内的障碍物。这对盲人来说不失为一项突破。

如果你在路上遇到盲人，要热心地给予他们力所能及的帮助，让他们的生活变得更为便利。

哇！黑斑蝴蝶！
哒
哒
哒
快传给我！！
咚！
嘿！！
你快停下来！
哇！！
你不是要牵盲人叔叔过马路吗？怎么突然就跑起来了！
呀！我忘了！！
累死我了，这马路咋这么长……
对不起！

50 为什么人类需要美好的祝福？

祝福，是内心对美好的投射。

新年、春节、元宵节、中秋节……每逢节日，大街小巷张灯结彩，逢人就会送上"心想事成，万事如意"的祝福。长辈的寿宴，要说"长命百岁"；新年要说"新年快乐"；端午节要说"端午安康"；中秋节要说"阖家欢乐"。这不单是因为送祝福是我国的传统文化习俗之一，还因为祝福语和吉祥话是每个人内心对美好的投射和向往。

我们希望收到别人的祝福，一段文字、一幅图片、一个红包，传递的是一份关心和暖意。每当我们体会到身边人传递过来的关怀，内心都会涌动着暖流。人是社会性动物，有爱与被爱的需求，祝福可以释放一份友好，而且常把美好的祝福挂在嘴边，对社交也很有帮助。

祝福非常有力量，它代表一种可以安慰别人的爱的能量。我们送出祝福就相当于把爱的能量投射到更多人身上，把爱播撒给更多人。

不要吝啬祝福，把祝福传递给他人的同时我们的内心也收获了一份喜悦。当爱与被爱在你的内心交织时，生活便更有奔头，更有希望！

你的成绩单下来了！
哎呀！老师，怎么老是愁眉苦脸的，我真的想祝愿您“笑口常开”呢。
谢谢你的祝福！
给你成绩单……
吓！
15
我也祝愿你回家以后能逆境自强吧！
唉
15

51 带你参观历史博物馆

历史博物馆里承载着中华上下几千年的历史。

这个假期不妨一起去探索下历史博物馆吧!

参观博物馆是了解一个国家或地区的历史文化最便捷的途径,透过馆中陈列,我们可以清晰地感受到时代的兴衰更迭。而且博物馆也是国家丰富民众文化生活的好去处,很多都只需要在官方平台预约,就可以免费参观。那该怎么参观呢?

首先是展馆选择,各地通常会建立本区域的历史博物馆,而行政级别越高的博物馆,其藏品往往越丰富。有个小窍门——首选历史名城,如坐落于十三朝古都西安的陕西历史博物馆,收藏有青铜器、兵马俑、陶俑等珍贵文物,几样镇馆之宝更是令"地下文物看陕西"闻名遐迩。再比如以刺绣闻名的苏州刺绣博物馆,历朝历代典雅秀丽的丝织绣品琳琅满目,仿佛在诉说着历史。

其次是参观方法,馆内结构通常按照历史发展脉络——原始社会、奴隶社会、封建社会……依次陈列,参观时只需按照馆内指示标前进,就能领略不同时期的历史风貌。这里还要提醒大家,在馆内拍照切记不要使用闪光灯,要注意保护文物哟!

好啦,心动不如行动,快把行程安排起来吧!

看我，看我，你先看正面，再看背面，我可是正反两面都完美的作品哟！

猫小妹，你们苏绣的工艺虽说精妙，可我们湘绣也不输你啊。看看我这针法，再看看绣线的光泽。不信你来摸摸我的毛！

苏绣

粤绣

湘绣

我们的线绝不止丝线一种，还有孔雀羽毛呢！你们比得上吗？

我们蜀绣有首主题曲呢，你们都安静安静，来听听歌休息一下。

蜀绣

嘿嘿，别吵别吵，你们都很好！

四大名绣

52 红领巾的"背面"

红领巾的"背面",是肩负的使命和崇高的理想。

红领巾,是一块鲜红色的三角巾,有一个钝角和两个锐角,两个锐角交叉打结刚好可以系在领间。当微风吹过,两个角和五星红旗一样,迎风飘扬。与此同时,右手五指并拢高举在右额前眉尖,目光笃定,心无杂念,口中唱着国歌,升旗仪式就这样在庄严肃穆的氛围中平和地进行着。

鲜红的领巾被看作是五星红旗的一角,所以它象征着非凡且崇高的爱国意义。每一个戴着红领巾的小学生,都已成为少先队的一员,也就意味着被赋予了为国家及人民奉献和牺牲的责任,也要树立为自己的理想和目标而奋斗的决心。

一抹亮眼的鲜红色在领间扬起,我们要时刻铭记过去战火纷飞的年代,更要珍惜如今的和平与安宁,不忘自己的使命与梦想,向着为祖国争光的崇高理想而奋斗。

最后,如果你还因系不好红领巾而烦恼的话,一首系红领巾口诀歌送给你:"左尖压右尖,底尖转一圈,岔上拉底尖,底尖穿过圈。"每个人都应爱护红领巾,让它保持整洁和完好无损。

敬礼!

53 国家为什么要有国旗？

旗帜不倒，就是信仰不灭。

学校里，每周一都会举行固定的仪式——升旗。国旗在风中高高升起，每一位参加升旗仪式的同学和老师都会随之高唱《义勇军进行曲》。那么，国家为什么要有国旗呢？这得从我们古代的战时礼仪说起。

在古代，将士们征战四方，为国镇守边疆或夺回城池，每次开战前都会在军队前悬插一面旗帜来表明自己的目标和决心。一面旗帜迎风飘扬在队伍前方，代表坚韧勇猛和不屈的士气。而打败敌方的象征就是将对方的旗帜推倒、烧毁。因此，旗帜不倒，就代表军队不败，胜利的信心不灭。旗帜飘扬的方向，就是冲锋的方向。旗帜，代表一种内在的信仰和力量。

在升旗仪式中，每一位到场的同学和老师都要注视着国旗高高地升起，并高唱国歌。一句句饱含激荡旋律的歌词，唱出昂扬的斗志，也启发青少年对历史、现实和未来的深刻思考，让他们心中升腾起爱国情怀。

知道了这些，你再次参加升旗仪式，心中会不会涌起更多的感慨呢？

起来
了不愿做奴
起来！起来！起来！
我们万众一心
冒着敌 的炮火，
前
冒着 炮火，
……每个人被迫着
发出最后的吼声。
起来！起来！起来！
我们万众一心，
冒着敌人的炮火，
前进……

54 一张照片背后的意义和力量

照片，把瞬间延长。

翻开相册，回忆涌上心头，照片记录着过去的点点滴滴。

照片的主要作用是记录，也是追忆。想必你会在家里翻到爸爸妈妈的相册，里面珍藏着他们年轻时的照片。年轻时的妈妈笑靥如花，年轻时的爸爸还是个精神豁朗的小伙子。翻阅这些照片，你感觉自己就像乘着时光机，穿越回了他们的年轻时代。

当然，照片不尽是好看的，也有虚焦的、没有准备好的怪样子。照片帮你记录下真实的瞬间，多年以后，当你回头再看，那些不经意的搞怪照更能勾起你有趣的回忆。

在当今科技发达的年代，手机的普及让拍照变得极其简单，我们动一动手指就能把眼睛看到的画面定格成数码照片。随处都有可拍的景色，我们可以随时按下快门，把高光和低落时刻统统拍下来，让它们连接成一条长长的成长轨迹。

照片也可以是一种陪伴和慰藉。当远离家乡，思念家人时，你翻看照片，会感觉家人仿佛就在眼前。照片，能记录下那些可能消失的画面，抓住一个个转瞬即逝的动作，重现一个个往日的微笑。

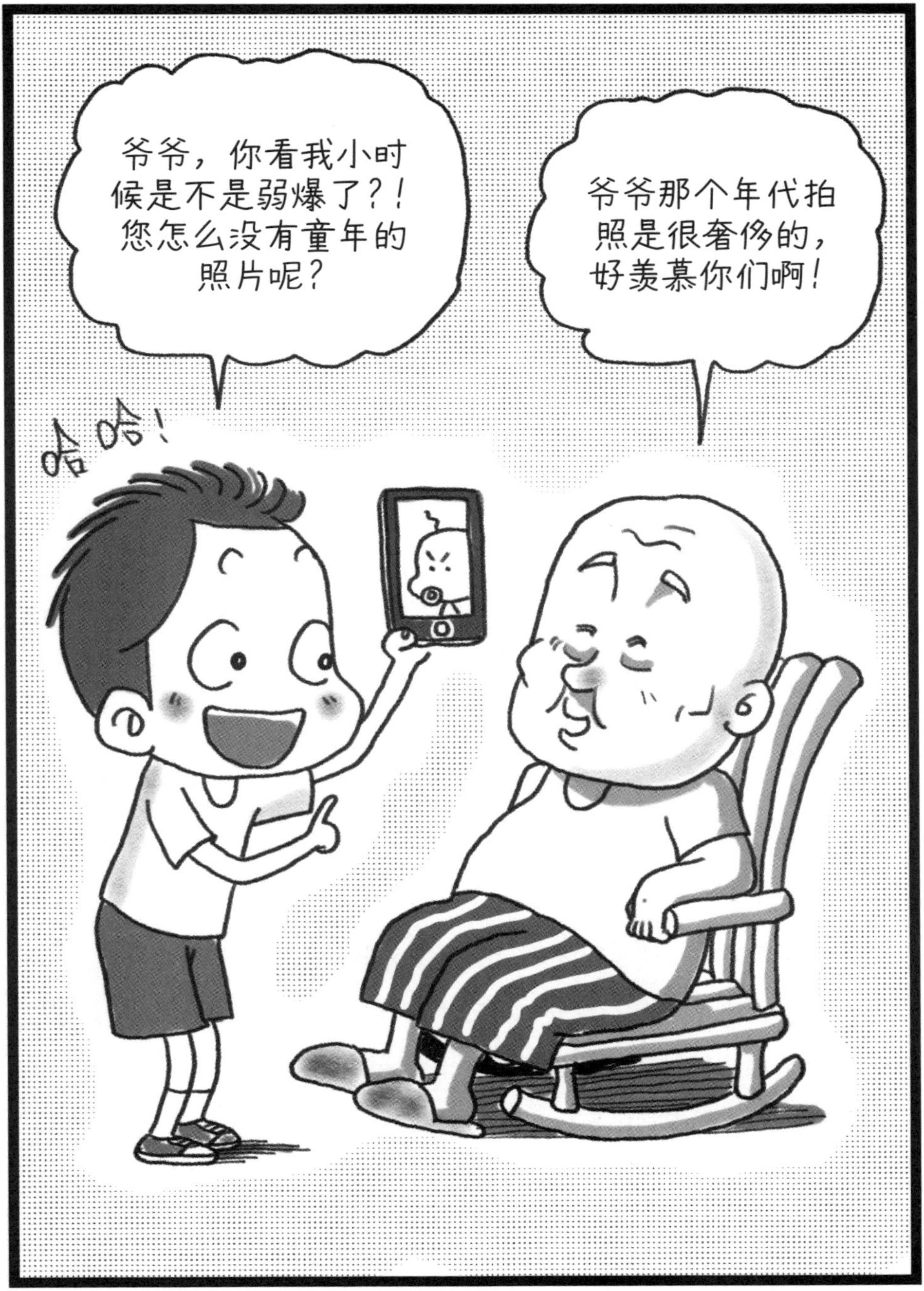
爷爷，你看我小时候是不是弱爆了？！您怎么没有童年的照片呢？
爷爷那个年代拍照是很奢侈的，好羡慕你们啊！
哈哈！

55 神奇的汉字

汉字是传承中华民族智慧与文明的纽带。

汉字的起源有多种说法，最有影响力的有这几种：结绳记事、仓颉造字、河图洛书。无论哪种说法，无论汉字形体怎样演变，汉字的结构始终稳定不变，连接与传承着古今文明。

汉字是形、音、义三者完美结合的文字。因义成形，见形者知其意。这是汉字独有的特点。古人抽取天地万物独有的特性，为事物命名，汉字是对万物表象的提炼。比如，圆圆的太阳可为"日"，弯弯的下弦月似镰刀为"月"。汉字不仅仅是文字，还是一种对自然和人生的诗意表达方式，"水"字可用几波水流来表现，有动感，又有生机；"火"的笔画和走向像火苗一样，有兴旺之意；"木"字则仿佛一棵茂盛的树木，象征着生命的力量；"山"的结构仿佛一座巍峨的山峰，让人不由得联想到山的壮美。

汉字之美，在于它是唯一能衍生成书法艺术的文字。金文、篆书、隶书、楷书、草书、行书等字体的变化中，蕴藏着汉字一笔一画的精妙结构。汉字如同一座宏伟的桥梁，连接着中华民族文化长河中的过去与未来。

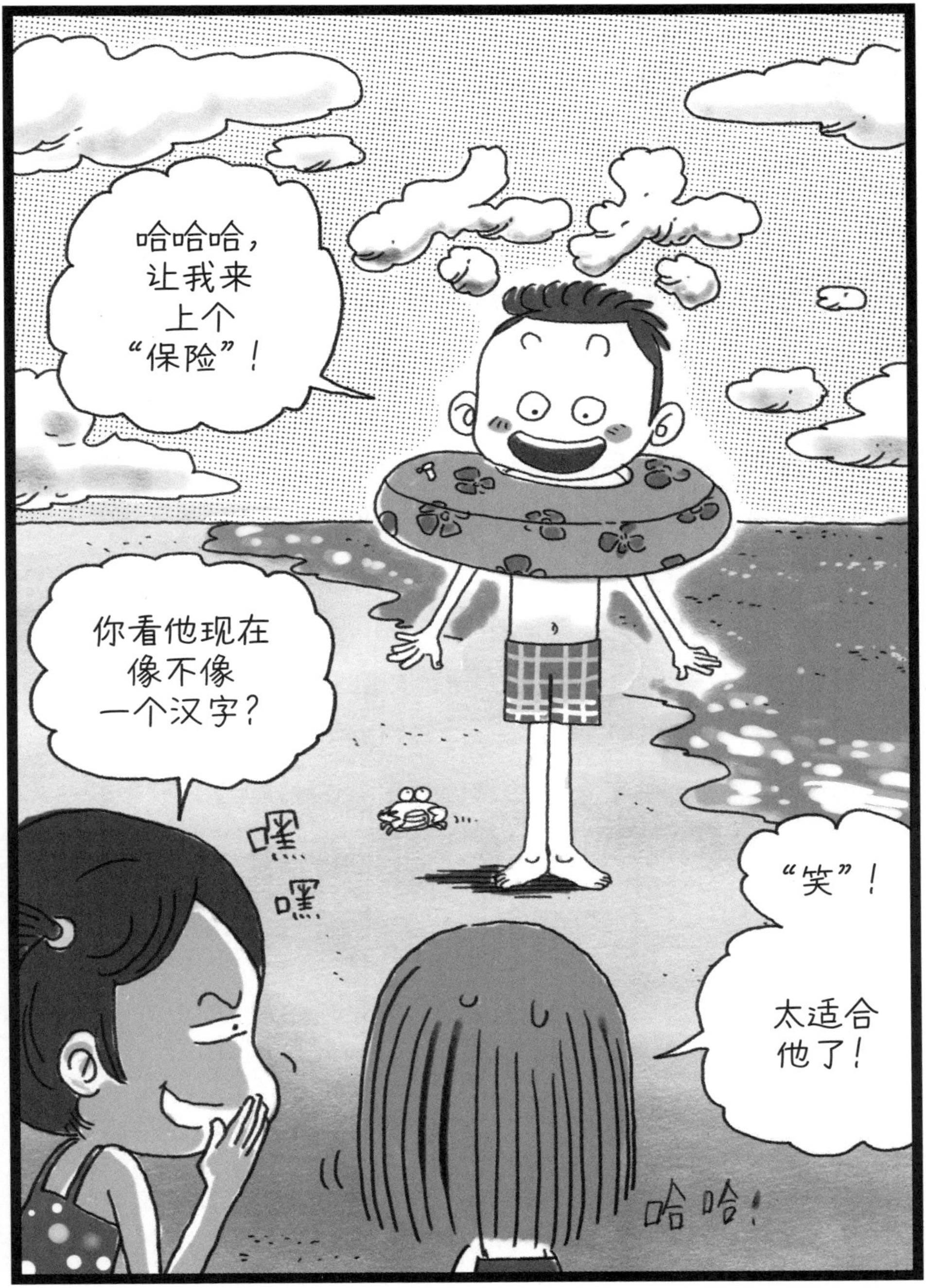
哈哈哈，让我来上个“保险”！
你看他现在像不像一个汉字？
嘿嘿
“笑”！
太适合他了！
哈哈！

56 认识早晨的第一缕阳光

时间，源自于地球在宇宙间永不停歇的运动。

每天清晨，也许是第一缕阳光将你叫醒。这一束光是地球带给人类的"礼物"。

太阳在清晨从东边升起，正午经过当空，傍晚从西边落下，这一天刚好是地球自转一周。如果你生活在中国最东边的黑龙江乌苏镇，你便是中国第一批迎接早晨的人，而中国最西边的新疆喀什居民，则最晚看到日出，当然，他们也是最晚看到日落的人。如果你在朝东的窗边醒来，就会看到太阳从地平线披着金衣冉冉升起。这一缕阳光宣告了夜晚的结束和白昼的开始。

公转，是地球围绕太阳转，这就产生了一年之中的季节变化。自转加公转的组合，让太阳的直射点在地球上的南北半球来回移动，这样就形成了春夏秋冬的四季更迭，也让昼夜长短发生着奇妙的变化。

如果你是个充满好奇心、爱做实验的孩子，那你可以用手电筒和地球仪来模拟地球自转和公转的照射规律，这样你就可以直观地了解昼夜与四季变化的规律啦。于是，你会真切地体会到，在迎接每一个清晨时，我们看到的不仅是日出，更是地球在宇宙间的组合舞步。

113

57 感受时间流动的装置

通过时间装置，感受和珍惜时间。

在时钟没有被发明出来之前，古人都用什么工具来计时呢？有人会说，古人"日出而作，日落而息"，借助太阳的东升西落和落在地上的影子来判断时间，并且根据这种原理发明了日晷。可如果在阴天，没有阳光能照出影子时，要怎么办呢？

这就不得不提沙漏了。沙漏又叫沙钟，是一个内部流沙可从一端流到另一端的类似葫芦的封闭计时装置，常用来测算时长。之所以用流沙来计时，最初是因为我国北方冬季寒冷，水容易结冰，因而用沙子来代替水流。

沙漏的颈部通道很狭窄，用来控制流沙的速度。时间的流逝是恒定的，沙子的流速也必须是恒定的。当沙漏一边的流沙全数流进另外一边时，一次计时就完成了，若要重新计时，则需要翻转沙漏，让时间重新开始"流逝"。通过观察剩余未流下的沙子的多少，我们就能预估剩余的时间，直观地感受到时间的变化。

现在，我们有了钟表，表盘上的秒针嘀嗒嘀嗒地转动，就像沙漏里的沙一粒一粒落下，都代表着时间从我们身边一分一秒地流过。让我们通过这种神奇的时间装置去感受时间的存在和流逝，学会珍惜时间吧。

这些可以用来度量时间吗？

请用√（可以）或者 X（不可以）来选择。

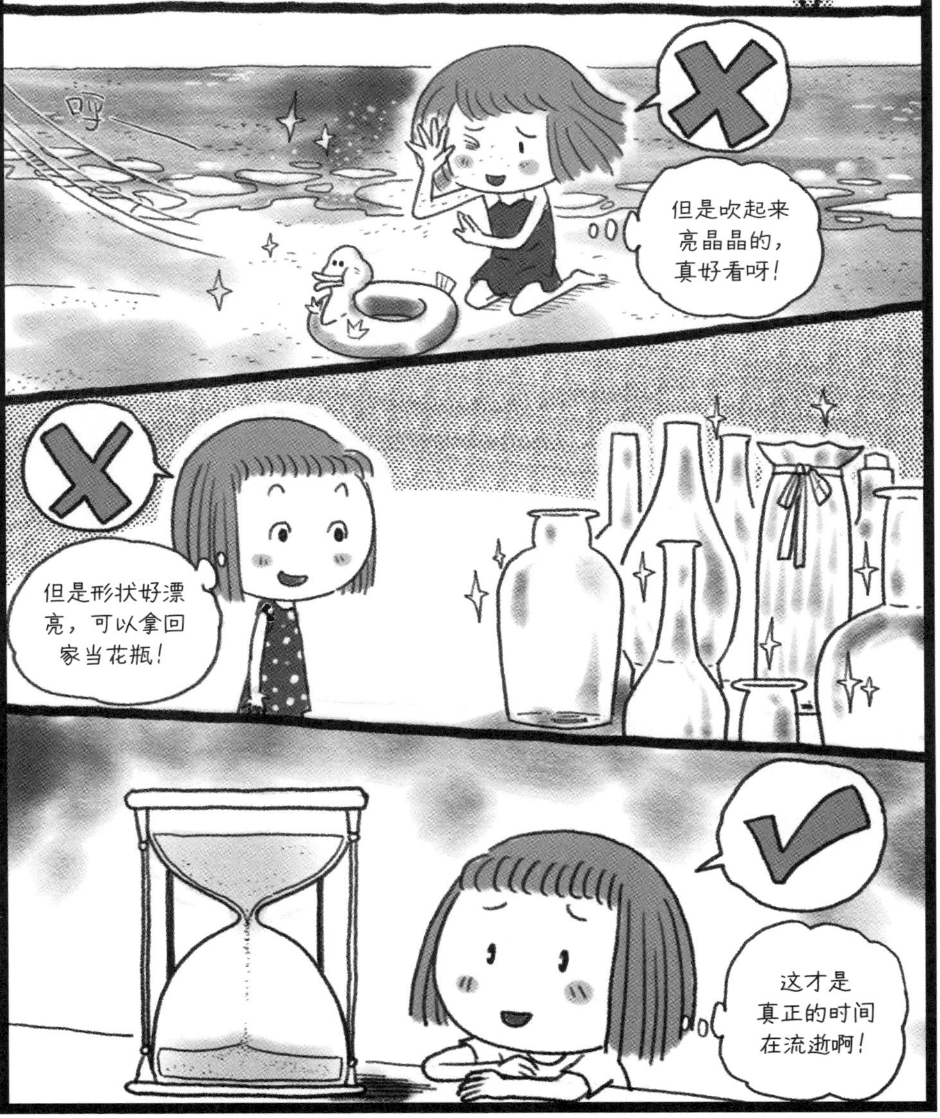

58 万物的生长时节

所谓"万物皆有时",生长不能错过适当的节令。

常听外婆说"什么时候就要做什么时候的事",这句话其实在说万物的生长都要遵循自然界的规律,要顺应节律,才能结出最丰满的果实。尤其在农业上,更强调"不违农时"。

春季为一年的开端,万物复苏,气温回暖,植物萌发,处处鸟语花香。春季,日照和降雨逐渐增多,是种植、农耕最繁忙的时候。我国的山东、河北等地种植的喜温干燥的花生,辽宁地区的大豆、玉米等农作物都以春季为播种的好时节。

夏天气候湿润多雨,北半球的各地白昼时间变长,是万物皆盛的季节。农作物也相继进入最旺盛的生长时期。夏季是早稻、早中稻、芝麻等作物生长的季节,也是西瓜、辣椒、茄子等喜温的水果、蔬菜开花结果的时候。

秋季是农作物开始从繁茂生长趋向成熟,再到瓜熟蒂落的时节。刚刚步入秋季时,天气依然酷热,日照的余温尚未减弱,这是一年中最潮湿、闷热的日子。长江流域的油菜,以及长江以南的冬小麦都在这个时节播种,翌年春季收割。

冬季,万物由收到藏,在一片萧瑟与凋敝中,我们也需为来年的耕种做好准备啦。

农作物
这农作物生长
跟我需要的
条件差不多呀，
都需要……
1. 充足的光照
2. 丰沛的水源
咕噜~
3. 有人长年累月悉心照顾
?
大家都不
容易啊！
农作物

59 为什么夏天也会有落叶？

叶落与否，都是树木为了活下去的选择。

"落叶满庭阶，秋风吹复起。"在我们印象中，落叶现象通常发生在秋末至冬初。可是为什么在夏天也会看到落叶呢？

一棵树出现落叶，通常意味着这棵树上的叶子结束了生命周期，该脱离树干了。落叶一般会在秋末至冬初时节大规模出现。在寒冷干燥的天气里，树叶变得枯黄、卷曲，一阵秋风吹过，枯叶就自然而然地飘落，在地上积成厚厚的一层。落叶覆盖在土壤上能减少水分蒸腾，有助于树木在寒冷的季节里存活。这是树木为了适应环境变化而形成的一种生物学特性。

不过有两种类型的树出现落叶与季节变化无关。一种是落叶树类，如桃树，它们的叶子在每个生长季结束后都会脱落，只留下光秃的枝条；另一种是常绿树类，如樟树，它们的新叶会在老叶脱落后长出，因此整年都呈现绿色。

另外，树木的褐斑和叶枯病在高温条件下高发，夏日由于普遍气温高，且昼夜温差小，一旦发病，病原体生长快，会使整张叶片变黑坏死。发病的树叶失水后呈焦枯状，就会容易脱落。还有部分树木在夏季落叶，是为了减轻树木的生长负担，为发出新的嫩芽而做好准备。这同样也是树木为了生存而形成的生物特征。

下面，哪位同学能作一首以树叶为题材的诗呢？
我！我！
夏风扫落叶，最是好时节。
错了吧，夏天（现在）怎么会有落叶呢？
奇怪了……
真的，我家门口的大树就落叶了！
您看！
好像是叶枯病……
我们快通知园林局救救它吧！

60 "五谷"是指哪五谷？

读完本文，你就会知道为什么说"五谷丰登，社稷安宁"。

人们常用"人食五谷杂粮"来说明我们的饮食结构以粮食为主。粮食丰收了，人们还会用"五谷丰登"来表达美好的愿景。那么，"五谷"具体指的是哪几种粮食呢？

在各种典籍中，众说纷纭。其中比较可靠的是指黍、稷、麦、菽、麻，这"五谷"。而另一种较少提出的"六谷"说法中，包含了我们几乎每天都会吃的粮食——稻。

黍即北方的黍子，去壳后就是黄米，可以酿酒、做糕，色泽金黄而有黏性。稷又称粟，就是经常用来煮粥的小米，也称"谷子"。在古代，由于谷子能够适应北方干旱的气候，很长一段时间里都是最重要的粮食。因此，稷被称为"五谷之神"，与土地神"社"合并被称为"社稷"，后来社稷就被用来指代国家，足见它的重要程度。麦常指的是小麦，小麦磨成面粉之后就可做成我们常吃的馒头、包子、面条等。

麻指的是麻籽。菽是豆类，专指大豆。稻，在当代多指水稻，即大米。稻米富含蛋白质、维生素和矿物质，是一日三餐中必不可少的食物之一。

五谷杂粮，不仅丰富了人们的饮食，还代表了中国人对自然的敬畏和感恩，体现了人们对健康饮食的追求和理解。

水稻

那些用五谷做成的美食……

米饭
米粉

黄米

黄米汤圆

小米

小米粥

小麦

馒头
包子

豆腐
豆皮

大豆

61 大米，意想不到的美食

最好吃的食物是看不出原本形状的食物。

大米是我国居民餐桌上重要的主食。一提到大米，你可能会想到米饭、炒饭、饭团……其实米粒可以做出千变万化的美食，你还知道什么食品是由大米变身而来的吗？

辣条，每每提起就会令人垂涎欲滴。它的做法是先将米饭加入面粉揉成团，再将面团压薄并切成细长的条形后压扁，然后刷上油放入锅中蒸熟。最后淋上热油，抹上酱料就大功告成啦。

肠粉，软弹可口的肠粉是广东地区很多人喜爱的美味小食。据说，乾隆皇帝在品尝之后，夸赞其味道爽滑、鲜嫩，又因其形状与猪大肠相似，于是戏称其为"猪肠粉"。它的做法是先将浸泡过的大米打成米浆，加以过滤。再在一个平底的盘子抹上油，舀上一勺米浆并淋入蛋液，上锅蒸熟后，用刮刀把肠粉取出。用刮刀铲出的肠粉表面呈凹凸的波浪状，堆叠在餐盘中，看起来活像一根根柔软细嫩的粉条。

鲜奶米布，米布是云南昆明的一种特色小吃，是像酸奶一样的糊状甜点。把大米熬成米浆，加入香浓的牛奶慢熬至黏稠。米香与奶香融合，入口绵密顺滑。

你还知道哪些美食是用大米制成的吗？快去生活中探索吧！

寿司

哗——

米糕

哗——

米汉堡

大米大米，多变一些好吃的！

再来再来！

哇！

不要太贪心哟！不节约粮食的小孩要变胖30斤！

62 一粒种子要经历哪些过程才会成为"盘中餐"?

从秧苗到美餐,从年头到年尾。

你吃着碗中香喷喷的大米饭,有没有想过这一粒粒白胖饱满的米粒是怎么来的?

"春种一粒粟,秋收万颗子",这句我们耳熟能详的诗道出了其中的奥秘。我们所吃的大米,都来自水稻。水稻在春天播种,到春末夏初时种子慢慢发芽,长成10~16厘米长的秧苗后就可以移栽了。为了获得更好的收成,也防止害虫的侵袭,秧苗要被移栽到水中,整齐有序地排列,这就是插秧。插秧过后,还要定时定量地排水灌溉。等到秋天,田野上一片金黄,便是收获的时节。以前,人们弯腰低头,有节奏地挥舞着镰刀,一把一把地割稻子;现在,收割机能直接将一粒一粒的稻穗分离,使之脱壳为稻谷。

那么,变成稻谷就可以直接被端上餐桌了吗?当然不是,这其中还少不了脱粒、晾晒等一系列的工序。伴随着轰隆隆的机器声,粒粒分明似珍珠一般的大米堆满了粮仓。从播种、插秧、灌溉再到收割、脱粒和晾晒,每一个过程都凝结着劳动人民的汗水与辛劳。

如今,你再吃白白胖胖、粒粒分明的米饭时,应该就会真正明白"一粥一饭,当思来之不易"的教诲了。

哇!

63 天南海北的"吃"文化

人间烟火气，最抚凡人心。

中国有句古话叫"民以食为天"。这句话道出了我们对吃的执着。我国幅员辽阔，物产丰富，自然而然形成了各个地方五花八门的饮食习惯。放眼望去，哪个吃货都要忍不住感慨一句："我们国家的美食真丰富啊！"

从地理分布上来说，北方地区多草场，气候干燥少雨，适宜发展畜牧业，因此饮食结构以食肉居多，多采用炒、炖、烤等方式烹饪；中部地区多平原，出产小麦，面食文化格外发达，如河南烩面、山西刀削面、陕西肉夹馍等不一而足；南方沿海地区湿润，海产丰富，饮食习惯更偏向鲜美，如广东的煲汤文化、生腌就是典型代表。

尽管不同的气候、物产催发出了不同的饮食文化，但人类爱美食的心是共通的。及至今日，哪怕我们不能到访所有地方，也有机会品尝到天南海北的特色美食。比如随处的街边小馆都能吃到的宫保鸡丁、鱼香肉丝，居然是传统川菜；享有盛名的柳州螺蛳粉，还有谁没吃过？大盘鸡、烤全羊，即便你没去过新疆和草原，想必也早就大饱过口福……

这不得不让人感慨祖国的地域之广、物产之丰富，实在和我们源远流长的饮食文化息息相关呀！

周末我和爸爸去吃了川菜，真是太好吃了！
我也喜欢吃川菜，不过我更喜欢吃海鲜！
我也喜欢吃海鲜，不过我更喜欢吃肉夹馍！
嘿嘿，我喜欢吃臭豆腐、臭鳜鱼、螺蛳粉，还有各种内脏……
我还是更喜欢我妈妈做的菜……
咕噜
咕噜
咕噜
我也更喜欢我爸爸做的饭。
咕噜
那我们就快点回家吧！

64 为什么我们都爱吃肉？

吃肉，是自然进化的选择。

东坡肉、红烧肉、梅菜扣肉……光听这些带"肉"字的菜名，就足以让我们垂涎了。吃肉像一种本能，筷子好像不受我们控制，会自动伸向桌上的肉碟。这到底是为什么呢？

其实，这都是人类进化，自然形成的结果。在人类社会形态的初期，在捕猎工具石斧和矛被发明出来之前，人类的祖先是生活在树上的，以果实和树叶为主食。

据人类学家的观察，从出土的早期人类牙齿的化石中可以推测出人类早期是以植物为主食。随着环境发生剧烈的变化，物种之间的竞争更加激烈，原本早期人类栖息的森林被其他动物占据，体型不大的人类此时并不占优势。同时，受牙齿大小和咬合力的限制，早期人类能找到的可作为食物的植物越来越少，于是被迫地选择了吃肉。

就这样，误打误撞地，人类从此以肉为食，长期摄取高脂肪含量的食物，脑部在进化中变得越来越发达，体型也逐渐变大。

所以，吃肉是人类进化的结果，也是人类祖先历经千辛万苦，为了生存进化而来的饮食习惯。当然，我们人类终归还是杂食动物，爱吃肉也要适量摄入，并注意饮食均衡。

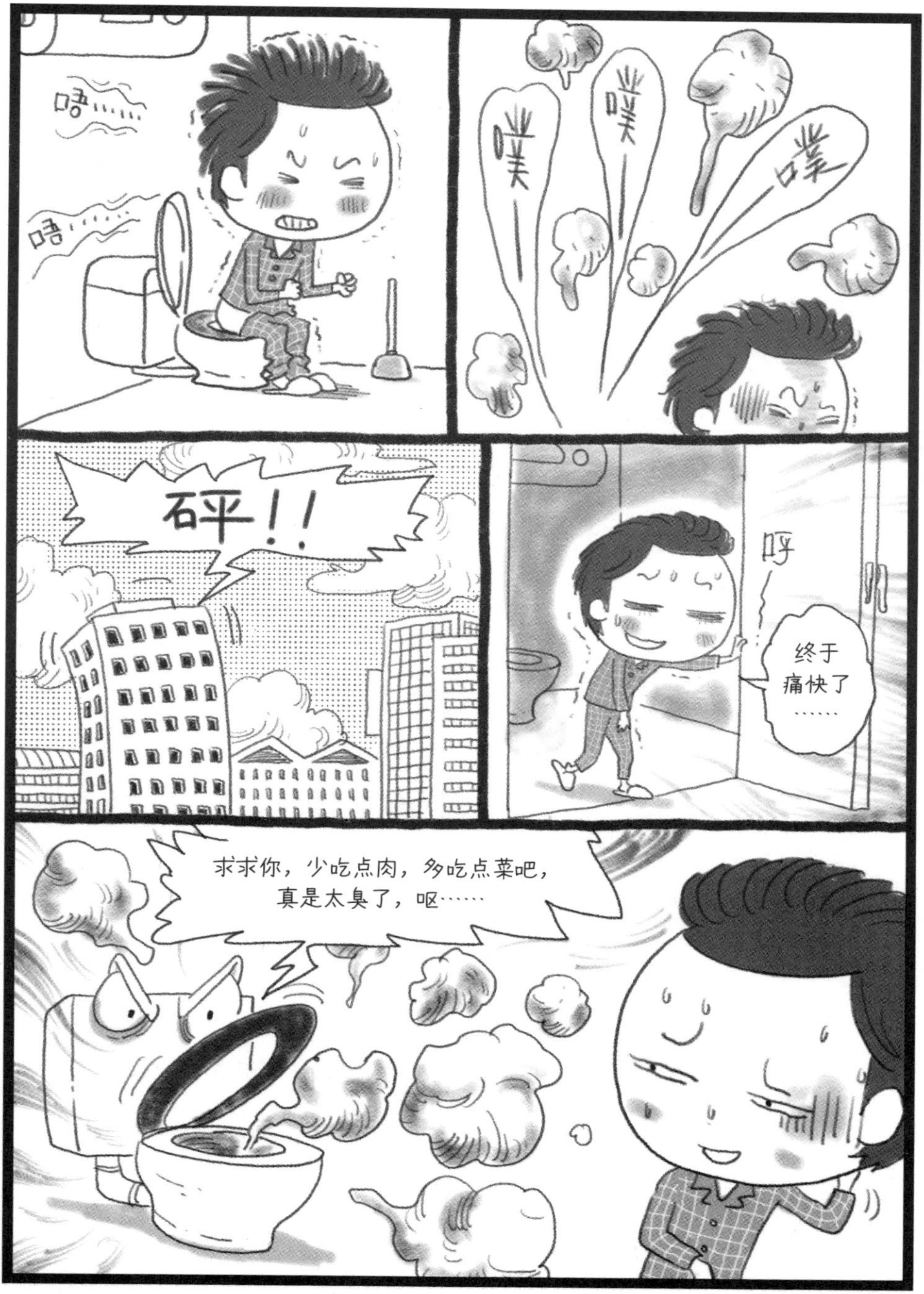
唔……
唔……
噗——
噗——
噗——
噗——
砰!!
呼
终于痛快了……
求求你，少吃点肉，多吃点菜吧，真是太臭了，呕……

65 为什么说中秋节体现了中国人的浪漫？

月亮的两面，一面是亲情，一面是爱情。

中秋节的起源与传说和月亮有着千丝万缕的联系。秋天是农历的七月至九月，而八月十五正好是秋天的中间之日，正所谓"三秋临半，谓之中秋"。农历八月十五晚上的月亮正值满月，高悬夜空，格外明亮，意为圆满。中秋节最早起源于上古时期的秋夕祭月，到了唐代才逐渐形成固定的节日。

关于月亮，人们会将嫦娥奔月、吴刚伐桂、玄宗游月等古代神话故事与中秋结合起来，给月亮蒙上了些许温情。月亮不再是冰冷的"月宫"，而是可以寄托情感的天体。国人自古就有"月圆"象征"人团圆"的说法，每年农历八月，月满之时，不能归家的游子以月亮来寄托思乡之情，杜甫的"露从今夜白，月是故乡明"就是借月寄思的著名诗句之一。

全世界的人类仰望的都是同一轮明月，月亮可以寄托人们对亲人的思念，还能用于表达"人有悲欢离合，月有阴晴圆缺，此事古难全"的遗憾与悲叹，也可以表达"但愿人长久，千里共婵娟"的美好祝愿。由此，月亮可以说是连接和触动人类所有情感的一个象征。

哈哈！好吃！
月饼
花间一壶酒，
独酌无相亲。
举杯邀明月，
对影……
饮料
呼——
找我吗？
噗！
噗！
哈哈哈
真好吃，
这是什么口味啊，
我以前都没吃过，
能送给我几块
带回去吗？

66 家乡的模样

家乡不是一个地方，而是一段时光。

心血来潮翻看相册，你看到了爸爸小时候的家，和现在可大不一样。于是，你好奇地去问爸爸，并听他兴致勃勃地讲起来。

原来，爸爸小时候的家乡都是泥土路，可以玩泥巴，现在变成了宽敞的柏油路，能跑大汽车；爸爸小时候住的是平房，能种菜、种花，现在的房子则越盖越高，人们住在比小鸟的家还高的地方。

过去的生活一去不复返，记忆里的家乡大变模样。你问爸爸，是欣喜，还是惆怅？爸爸告诉你，要学会欣赏每一种生活。你看，如今的生活多便利：家门口的大超市应有尽有，买东西还能送货上门；台阶改斜坡，楼道里新增扶手，越来越多的助老改造让老年人独居时也方便了许多；赏心悦目的街心公园，给忙碌的大人和孩子提供了解压的地方……这样的家乡，虽和记忆里不同，却让我们看到了另一种欣欣向荣。

至于记忆里那些温暖的回忆，它们也不曾走远，而是留在我们心里。那些珍贵的照片和视频，还有亲朋好友闲聊时惹人发笑的故事，总让我们牢记着那方永远支持自己的天地。

无论家乡发生多大改变，我们离家有多远，心之所念处，还是家乡。

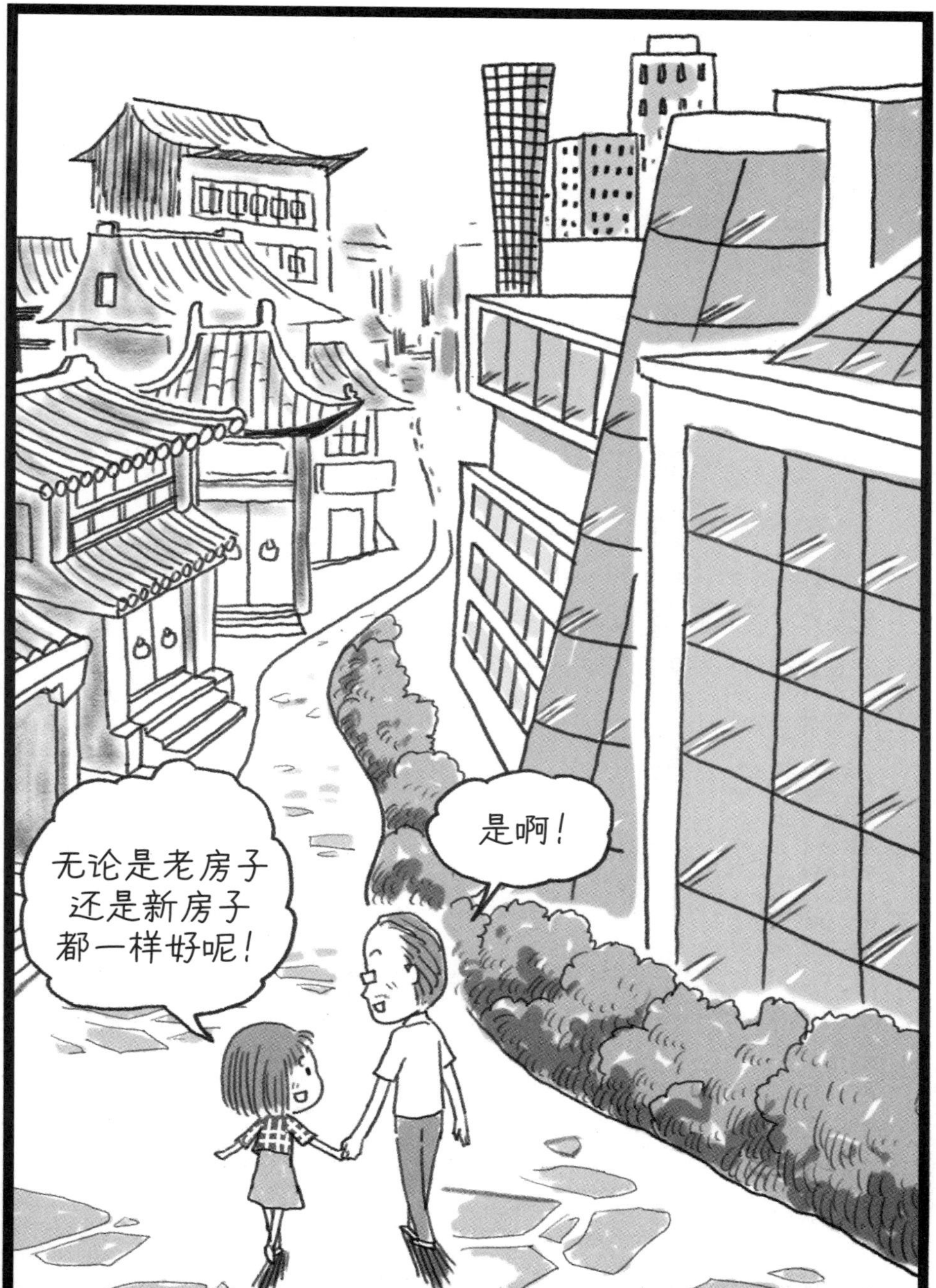
无论是老房子
还是新房子
都一样好呢！
是啊！

图书在版编目（CIP）数据

做心灵丰富的人 / 三五锄教育著；侯志绘. -- 昆明：晨光出版社，2024.9
（在我长大之前）
ISBN 978-7-5715-1912-4

Ⅰ.①做… Ⅱ.①三… ②侯… Ⅲ.①生活教育-小学-教学参考资料 Ⅳ.① G621

中国国家版本馆CIP数据核字(2023)第056381号

在我长大之前

做心灵丰富的人

三五锄教育——著　侯志——绘

出版人	杨旭恒
项目策划	禹田文化
责任编辑	李　洁
项目编辑	郭丽君
营销编辑	赵　莎
美术编辑	沈秋阳
装帧设计	沈秋阳
内文排版	史明明
责任印制	盛　杰

出　版	晨光出版社
地　址	昆明市环城西路609号新闻出版大楼
邮　编	650034
发行电话	（010）88356856　88356858
印　刷	小森印刷霸州有限公司
经　销	各地新华书店
版　次	2024年9月第1版
印　次	2024年9月第1次印刷
开　本	145mm×210mm　32开
印　张	4.5
ＩＳＢＮ	978-7-5715-1912-4
字　数	86千
定　价	29.00元

退换声明：若有印刷质量问题，请及时和销售部门（010-88356856）联系退换。